DIE SCHÖNSTEN
PATIENCEN

Die Technik des Patience-
spiels hat in den letzten
Jahrzehnten einen großen
Aufschwung genommen.
Während man in den alten
Patiencebüchern fast
ausschließlich Zufalls-
Patiencen findet, bevorzugt
der heutige Patiencespieler
von Format die Kombi-
nations-Patience: Bei ihr
ist die Kombinationsgabe
wichtiger als die Kartenlage.
Doch auch die Zufalls-
Patience hat ihren Reiz:
Sie beansprucht die Kon-
zentration des Spielers und
trägt so zur Zerstreuung bei.

Band 641

PERLEN-REIHE

Rudolf Heinrich

DIE SCHÖNSTEN PATIENCEN

Königs-Patience, Große Napoleon, Fächer, Uhr
Rangierbahnhof, Pyramide, Teppich, Poker-Patience
und viele andere

Mit Illustrationen
aus den Spielkarten
der Wiener Spielkartenfabrik
Ferd. Piatnik & Söhne.

Inhalt

In dieser Sammlung der schönsten Patiencen finden sich sowohl Spiele, die ohne besondere Schwierigkeiten zu lösen sind, als auch solche, die dem Spieler Gelegenheit geben, sein Können unter Beweis zu stellen.

Die Grundbegriffe

Ein Paket **Whistkarten** enthält 52 Blätter, und zwar vier Farben zu je 13 Blättern (Zweier bis As, wobei das As auch als Einser gewertet wird). Die „Patiencekarten“ sind Whistkarten kleinen Formats.

Ein Paket **Piquetkarten** enthält 32 Blätter, und zwar vier Farben zu je acht Blättern (Siebener bis As).

Kartenbild nennt man die Gesamtheit der zur Patience ausgelegten Karten bzw. Päckchen.

Grundkarten (Grundpäckchen) sind jene Karten, auf denen die Familien aufgebaut werden sollen.

Familien oder **Kartenfamilien** sind die zusammengehörenden Karten ein und derselben Farbe (Treff – Pik – Karo – Herz)*.

Als **Kartenfolgen** oder **Folgen** bezeichnet man eine Anzahl geordneter Karten der gleichen Farbe oder auch mit wechselnden Farben.

Von **aufsteigender Ordnung** spricht man, wenn die Karten einer Familie von der niedrigsten bis zur höchsten Karte aneinandergereiht werden, also vom Siebener bis zum As (Piquetkarten) oder vom As bis zum König (Whistkarten). Das Gegenteil davon ist die **abfallende Ordnung.**

Talon heißen die nach dem Auslegen des Kartenbildes übrigbleibenden Karten.

Offene Karten oder eine **Karte offen** auflegen bedeutet, daß die Karte mit der Bildseite nach oben liegt.

* Treff = Kreuz, wird in der Folge nur als Treff bezeichnet.

Das Gegenteil davon ist die **versteckte Karte**, die mit der Bildseite nach unten liegt, deren Bildseite also nicht sichtbar ist.

Anlegen einer Karte bedeutet das Übertragen einer Karte auf den ihr zukommenden, bleibenden Platz in der Familie.

Umlegen einer Karte ist das Übertragen einer Karte von einer Folge oder einer einzelnen Karte auf eine andere, jedoch nicht auf eine Grundkarte.

Abziehen vom Talon heißt, eine Karte nach der anderen vom Talon abheben, um sie in das Spiel einzugliedern.

Block oder Kartenblock: Karten, die vom Talon abgezogen werden und nicht in das Spiel eingegliedert werden können, werden außerhalb des Kartenbildes offen abgelegt und bilden so den Block.

Zufalls-Patiencen für eine Person

Das Versteckenspiel

Diese Patience wird mit einem Paket Whistkarten (52 Blatt) gespielt. Man legt 13 Päckchen zu je vier Karten verdeckt (Bildseite nach unten) auf den Tisch und merkt sich, daß das erste Päckchen als As-Päckchen gilt, das zweite Päckchen als Königspäckchen, das dritte als Damen-Päckchen usw. (somit das 13. und letzte Päckchen als Zweier-Päckchen). Am besten legt man die Päckchen in zwei Reihen auf: in der oberen Reihe sieben Päckchen, in der unteren Reihe sechs Päckchen.

Nun hebt man die oberste Karte des ersten Päckchens ab. Nehmen wir an, diese Karte ist ein Siebener, dann wird sie mit der Bildseite nach oben unter die vier Karten des Siebener-Päckchens geschoben. Dann hebt man von dem Siebener-Päckchen die oberste Karte ab: Ist es beispielsweise ein König, wird die Karte offen (Bildseite nach oben) unter das Königs-Päckchen geschoben. Nun wird vom Königs-Päckchen die oberste Karte abgehoben usw.

Diese typische Zufalls-Patience ist aufgegangen, wenn alle Päckchen geordnet sind, und zwar so, daß im ersten Päckchen alle Asse, im zweiten alle Könige usw. gesammelt sind. Trifft die wandernde Karte auf ein Päckchen, das keine verdeckten Karten mehr enthält, also auch keine Wanderkarte mehr frei werden kann, so ist die Patience mißglückt.

Die Ernte

Diese Zufalls-Patience wird mit einem Paket Whistkarten gespielt. Es werden vier Reihen zu je acht Karten offen aufgelegt. Die übrigen Karten behält man als

Talon verdeckt in der Hand. Nun zieht man die unterste Karte des Talons und legt sie offen auf den Talon. Befindet sich im im Kartenbild eine freie Karte, die auf die offene Karte des Talons in auf- oder absteigender Ordnung ohne Rücksicht auf die Farbe paßt, legt man diese offen darauf. Als frei gelten nur die Karten der untersten Reihe bzw. jene Karten, deren untere Kante an keine andere Karte grenzt, d. h. wenn in der untersten Reihe eine Karte entnommen wird, so wird die unmittelbar über ihr liegende Karte frei. Auf diese Karte wird eine weitere freie Karte des Kartenbildes gelegt, wenn sie, wie angegeben, darauf paßt. Dieser Vorgang wird so lange fortgesetzt, bis keine passenden Karten mehr vorhanden sind. Dann wird wieder die unterste Karte des Talons nach oben gelegt, bis alle Karten des Kartenbildes „eingeerntet" und somit wieder mit dem Talon vereinigt sind bzw. bis der Talon keine Karten mehr enthält, die mit der Bildseite nach unten liegen.

Diese Patience bietet zwar keine großen Schwierigkeiten, darf aber trotzdem nicht ganz mechanisch gespielt werden. Der Spieler muß wohl überlegen, stets jene freien Karten zu wählen, die die besten weiteren Anschlußmöglichkeiten gewährleisten.

Die Uhr

Diese Zufalls-Patience wird mit einem Paket Whistkarten gespielt. Wenn die Karten gut gemischt sind und abgehoben wurde, bestimmt man eine Farbe, aus der der erste Kreis gebildet werden soll, z. B. Karo.

Man zieht nun vom Paket die Karten einzeln ab und legt jede Karo-Karte auf den ihr zukommenden Platz (siehe Abbildung).

Sobald eine Karte anderer Farbe vom selben Wert erscheint, den eine schon auf ihrem Platz befindliche Karte zeigt, wird sie auf diese gelegt. Dabei ist zu beachten, daß stets eine schwarze Karte auf eine rote, eine rote Karte auf eine schwarze kommt (z. B. auf einen Pik-Buben ein Herz-Bube). Wenn die Patience aufgegangen ist, dann müssen auf jedem Platz vier

Karten von gleichem Wert liegen, abwechselnd in roter und schwarzer Farbe. Paßt die Karte nicht, dann wird sie auf den Block gelegt, der zweimal durchgespielt werden darf.

Pepita

Wenn diese Patience auch als Zufalls-Patience zu werten ist, so bietet sie doch viel Abwechslung, läßt Kombinationen zu und ist daher recht unterhaltend. Sie wird mit zwei Paketen Whistkarten gespielt.

Von den gut durchgemischten Paketen werden waagrechte Reihen zu je neun Karten ausgelegt, und zwar abwechselnd eine Reihe offen und eine verdeckt, bis alle Karten verbraucht sind. Während des Auslegens werden die Asse als Grundkarten und die auf sie passenden Folgekarten (steigend, mit Farbzwang) oberhalb der waagrechten Reihen aus- bzw. angelegt. Die Plätze der zum Aufbau der Familien verwendeten Karten werden mit der nächstfolgenden Karte des Pakets belegt. Sobald das erste As erscheint, wird das Auslegen unterbrochen. Man zählt die nächsten 13 Karten ab und legt sie als Hilfspaket rechts vom Kartenbild verdeckt ab. Dann wird das Auslegen fortgesetzt. Wenn sämtliche Karten verwendet sind, hebt man die verdeckten Karten der letzten Reihe ab und legt sie, ohne sie anzusehen, beiseite (links); sie bilden später den Block. Frei sind nur die offenen Blätter der letzten Reihe. Befinden sich unter den freien Karten Könige, so werden sie ausgehoben und offen beiseite gelegt (rechts, oben). Freie Karten, die zum Aufbau der Familien geeignet sind, werden angelegt. Ferner werden auf die offenen Karten passende Blätter, fallend, mit Farbzwang, zu Folgen geschichtet.

Wird durch das Wegnehmen einer offenen Karte eine verdeckte Karte frei, so muß sie ausgehoben und verdeckt auf den Block gelegt werden. Dadurch werden wieder offene Karten frei, einerseits zum Aufbau der Familien, andererseits zum Umlegen auf Folgen. Die Folgen dürfen auch mit einem Griff, also geschlossen, an- bzw. umgelegt werden. Wird eine ganze Reihe aufgebraucht, so entsteht ein Freiplatz, der nur mit einem der Könige besetzt werden darf, auf den im weiteren Verlauf des Spieles Folgen in absteigender Ordnung zu bilden sind. Es ist aber folgendes zu berücksichtigen: Wenn in einer waagrechten Reihe noch ein König liegt, so muß dieser zuerst auf den Freiplatz gelegt werden, da er die Reihe versperrt und durch sein Wegnehmen wieder Karten frei werden. Nur wenn in den waagrechten Reihen keine Könige vorhanden sind, dann werden die (rechts oben) ausgelegten Könige auf die Freiplätze gelegt. Sollte überhaupt kein König da sein, dann ist mit dem Belegen des Freiplatzes zu warten, bis einer aufscheint.

Wenn das Spiel stockt, d. h. wenn keine Bewegung mehr möglich ist, dann nimmt man den Block zur Hand (in diesem befinden sich: die verdeckten Karten der letzten Reihe und die verdeckten Karten aus dem Kartenbild, die durch das Wegnehmen der offenen Karten im Laufe des Spieles frei geworden sind) und spielt in der angegebenen Weise weiter. Die frei werdenden verdeckten Karten werden auch weiterhin zur Bildung des neuen Blocks herausgelegt. Wenn es für den Fortgang des Spieles nützlich erscheint, dürfen auch freie Karten auf den Talon zurückgelegt werden, und zwar sowohl in steigender als auch in fallender Ordnung (Farbzwang). Bei neuerlichem Stocken des Spieles können auch die Karten des Hilfspaketes verwendet werden, die man einzeln abzieht, umwendet und zum Weiterbau benützt.

Das Spiel wird fortgesetzt, bis alle Möglichkeiten erschöpft sind. Der Block kann also beliebig oft abgezogen werden. Ist es gelungen, alle Karten restlos in die Familien einzubauen, dann ist die Patience gelungen.

Will man die Patience erleichtern, dann kann man vor dem Beginn des Spieles die Grundkarten (acht Asse) auslegen.

Damen und Buben

Aus den zwei Paketen Whistkarten, mit denen diese Patience gespielt wird, werden zunächst die acht Damen herausgenommen und in zwei Reihen offen auf den Tisch gelegt, wie es die Abbildung zeigt.

Die übrigen Karten werden gemischt und bilden den Talon, der Karte für Karte abgezogen wird. Die erscheinenden Könige werden zur rechten Seite ebenfalls in zwei Reihen aufgelegt; sie bilden später die Grundkarten für die in aufsteigender Ordnung zu bildenden Familien. Tauchen beim Abziehen des Talons Karten auf, die auf die Damen in absteigender Ordnung ohne Berücksichtigung der Farbe passen, so werden diese Karten auf die Damen gelegt. Auf diese Weise entstehen Hilfspäckchen, deren Karten zum Aufbau der Familien auf die Könige – hier jedoch in gleicher Farbe – verwendet werden. Selbstverständlich werden auch alle vom Talon abgezogenen passenden Karten angelegt. Die Familien, die auf die Könige aufgebaut werden, enden mit den Buben.

Der Talon darf bei dieser Patience nur einmal abgezogen werden. Die Patience ist aufgegangen, wenn auf der linken Seite alle acht Damen offen liegen und auf der rechten Seite die acht Buben, mit denen die Familien abgeschlossen sind.

Zufalls-Patiencen für zwei Personen

Amerikanische Patience

Eine Zufalls-Patience, die aber recht unterhaltend ist. Die beiden Spieler spielen abwechselnd mit einem Paket Karten (52 Blatt). Das Tableau wird folgendermaßen ausgelegt:

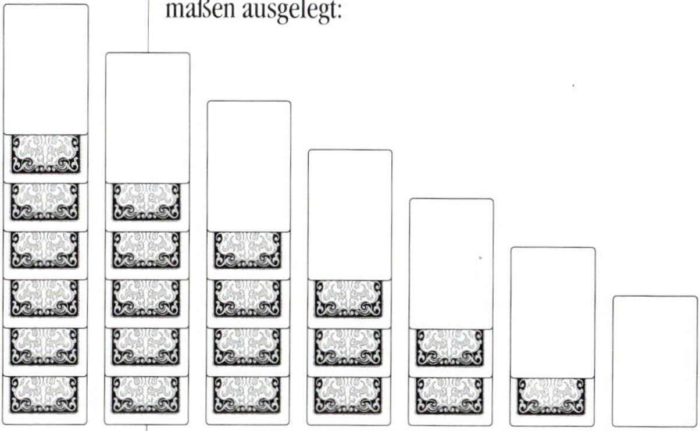

Aufgabe ist, die vier Kartenfamilien auf die Asse aufzubauen, und zwar muß man bestrebt sein, so viele Karten wie möglich auf die Asse zu bringen, weil derjenige Sieger ist, der die größere Anzahl von Karten auf den As-Paketen hat. Sind unter den offenen Karten des Tableaus Asse, so werden sie sofort herausgelegt. Die darunterliegenden Karten werden umgedreht. Zunächst werden die offenen Karten der sieben senkrechten Reihen fallend mit Farbwechsel auf passende Karten umgelegt, wobei man immer wieder versuchen muß, die As-Pakete weiterzubauen.

Ist kein Zug mehr möglich, dann zieht man vom Talon eine Karte nach der anderen ab und legt sie, sofern sie paßt, auf die offenen Karten des Tableaus oder auf die As-Pakete an. Auch Folgen dürfen mit einem Griff umgelegt werden. Auf leer gewordene Felder sind Könige zu legen. Die vom Talon abgezogenen Karten, die nicht anzulegen waren, werden offen neben den Talon gelegt. Auch diese Karten dürfen ans Tableau oder auf die As-Pakete angelegt werden, falls sich im Laufe des Spieles die Möglichkeit ergibt.

Der Talon darf dreimal durchgespielt werden, danach ist das Spiel zu Ende, und es wird die Stückzahl der Karten der As-Familien abgezählt und notiert. Das nächste Spiel spielt in gleicher Weise der Gegner. Nach jedem Spiel wird abgerechnet, die Differenz der auf die As-Familien aufgebauten Karten ermittelt und nach einem vorher zu bestimmenden Tarif ausbezahlt.

Kombinations-Patiencen für eine Person

Die Päckchen

Diese Patience wird mit einem Spiel Whistkarten (52 Blatt) gespielt. Die vier Asse werden als Grundkarten herausgestellt, auf die die Familien in aufsteigender Folge aufgebaut werden sollen, also Zweier, Dreier, Vierer usw. bis zum König. Man legt 13 Päckchen zu je vier Karten offen auf und prüft zunächst, ob Zweier oder sonstige Folgekarten als oberste Karten auf den Päckchen liegen. Diese werden auf die Asse gleicher Farbe gelegt. Sind keine passenden Karten mehr vorhanden, dann versucht man, durch Umlegen solche Karten zum Aufbau der Familien freizubekommen, und zwar darf man nur Karten der gleichen Farbe in absteigender Folge auf die obersten Karten der Päckchen umlegen, also z.B. auf den König die Dame, den Buben usw. Freie Karten werden zum Aufbau der Familie angelegt.

Sind keine Bewegungen mehr möglich, dann legt man das erste Päckchen auf das zweite, beide auf das dritte Päckchen usw., dreht den so gewonnenen Block um und legt wieder, ohne zu mischen, 13 Päckchen zu je vier Karten auf. Immer wird zuerst das Aufbauen der Familien und dann das Umlegen vorgenommen. Man wiederholt diesen Vorgang, bis die Patience aufgegangen ist – wenn die Päckchen restlos in Familien aufgelöst wurden – oder keine Bewegung mehr möglich ist.

Der Fächer

Diese einfache, aber recht hübsche Patience wird mit zwei Paketen Whistkarten gespielt, denen man vier Asse und vier Könige entnimmt, die als Grundkarten zum

Aufbau von acht Familien dienen. Auf die Asse wird in aufsteigender, auf die Könige in abfallender Ordnung angelegt.

Von dem gut gemischten Paket werden zwölf Karten abgezählt, die man offen fächerförmig auf den Tisch legt. Vom Fächer ist immer nur die oberste, unbedeckte Karte frei. Unter dem Fächer legt man vier Hilfskarten gleichfalls offen aus. Wenn eines oder mehrere Blätter der Hilfskarten oder die freie Fächerkarte zum Aufbau der Familien paßt, werden diese Karten sofort angelegt. Wird die oberste Karte des Fächers entnommen, so wird die nächstfolgende frei und kann gleichfalls angelegt werden. Die freien Plätze der vier Hilfskarten werden durch freie Karten des Fächers ersetzt. Die dem Fächer entnommenen Karten werden nicht ergänzt, denn es ist ja für den Fortgang des Spieles wichtig, den Fächer so schnell wie möglich aufzulösen.

Ist keine Bewegung mehr möglich, dann beginnt man, den Talon Blatt für Blatt abzuziehen. Jede auf die Familien passende Karte wird angelegt und jedesmal geprüft, ob nicht eine der Hilfskarten oder die freie Fächerkarte nach den jeweiligen Veränderungen angelegt werden kann. Der Talon darf dreimal gelegt bzw. abgezogen werden. Ist nach dem dritten Legen der Aufbau der Familien nicht restlos geglückt, dann ist die Patience nicht aufgegangen.

Die Königs-Patience

Aus zwei Whistpaketen entnimmt man die acht Könige und legt sie in zwei senkrechten Reihen, nach Farben geordnet, nebeneinander aus. Das sind die Grundkarten, auf denen die Familien in abfallender Ordnung, mit Farbzwang, gebildet werden sollen. Dann legt man die obersten zwölf Blätter des gut gemischten Kartenpakets in der aus der Abbildung ersichtlichen Anordnung rings um die acht Könige aus: je vier Karten in senkrechter Reihe rechts und links von den Königen, die vier restlichen schräg in die Ecken des Kartenbildes.

Nun prüft man, ob unter den ausgelegten Karten solche sind, die zum Aufbau der Familien geeignet erscheinen, also zunächst Damen, Buben usw., und legt sie sofort an. Ferner werden aus den Hilfskarten passende Karten in aufsteigender Ordnung schuppenartig an andere Hilfskarten umgelegt (Farbzwang). Danach füllt man die entstandenen Lücken mit neuen Karten aus, wobei man versucht, passende Karten auf die Familien oder auf die Hilfskarten anzulegen.

Statt wie bei den meisten Patiencen einen Block zu bilden, werden bei dieser Patience zwei Blocks gebildet, und zwar in folgender Weise: Vom Talon wird nicht eine Karte nach der anderen abgezogen, wie es im allgemeinen der Fall ist, sondern es werden jeweils drei Karten vom Talon genommen und abwechselnd auf Block I oder Block II gelegt.

Zunächst ist nur die oberste der drei Karten frei, kann sie angelegt werden, so wird dadurch die unter ihr liegende frei. Sobald eine dieser Talonkarten auf die

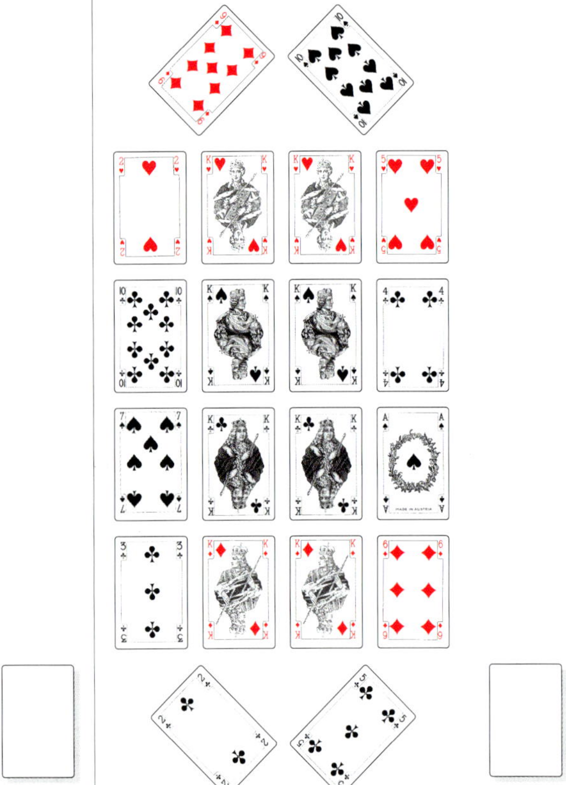

Block I

Block II

Familien oder auf die Folgen paßt, wird sie sofort angelegt und die nächste Karte des Dreier-Päckchens umgewendet. Es ist besonders darauf zu achten, daß man die Dreier-Päckchen einmal auf Block I, das nächstemal auf Block II legen muß! Ebenso aufmerksam ist zu beobachten, ob durch irgendeine Bewegung Karten zum Aufbau der Familien oder zum Umlegen auf die Folgen der Hilfskarten frei geworden sind, um diese sofort an ihre Plätze legen zu können. Freiplätze in den Reihen der Hilfskarten müssen mit Karten von Block I oder Block II, nach des Spielers Wahl und Gutdünken, ausgefüllt werden. Der Talon bzw. die Blocks dürfen nur einmal durchgespielt werden. Sind danach die Familien nicht bis zu den Assen aufgebaut, so ist die Patience mißlungen.

Französische Patience

Diese nicht leicht zu lösende Patience wird mit zwei Paketen Whistkarten gespielt. Man legt vier Asse und vier Könige übereinander in zwei Reihen aus. Auf diese acht Grundkarten sollen die Familien, Asse steigend, Könige fallend, mit Farbzwang, aufgebaut werden. Dann beginnt man damit, aus den vom Talon abgezogenen Karten unter der Reihe der vier Könige vier Hilfspäckchen zu bilden und abseits des Kartenbildes einen Block. Und zwar geschieht das folgendermaßen: Die erste Karte kommt jedesmal auf das erste Päckchen, die zweite auf das zweite, die dritte auf das dritte, die vierte auf das vierte Päckchen, und die fünfte und sechste werden offen als Block gelegt. Befindet sich unter den vier Hilfskarten oder den zwei Karten des Blocks eine Karte, die in gleicher Farbe und aufsteigender Ordnung auf die Asse bzw. in abfallender Ordnung auf die Könige paßt, so wird sie angelegt.

Sind keine passenden Karten mehr vorhanden, so legt man eine neue Serie von sechs Blättern auf die vier Hilfspäckchen und auf den Block, wobei man wieder eins, zwei, drei, vier, fünf, sechs zählt und diese Ordnung auch dann nicht unterbricht, wenn unter den abgezogenen Karten solche sind, die zum Aufbau der Familien angelegt werden können. Wenn z. B. die Karte, die man mit der Zahl Zwei bezeichnet und die auf das zweite Päckchen gelegt werden sollte, zum Anlegen auf die Familien paßt, so bezeichnet man die folgende Karte mit Drei und legt sie auf das dritte Päckchen. Die oberste Karte des Blocks ist frei. Ebenso gibt jede angelegte Karte die darunter befindliche frei.

Sind auf diese Weise alle Blätter des Talons durchgespielt, dann darf man die Karten des Blocks ausbreiten und alle verwendbaren zum Aufbau der Familien anlegen. Die übriggebliebenen Karten des Blocks und die der vier Päckchen werden durchgemischt und in der angegebenen Weise noch einmal ausgelegt. Es ist gestattet, die Karten noch ein drittesmal aufzulegen, dabei darf aber kein Block gelegt werden, sondern nur die vier Hilfspäckchen. Die Patience ist gelungen, wenn alle Kartenfamilien restlos bis zu den Königen bzw. bis zu den Assen aufgebaut werden konnten.

Die Fliege

Für diese Patience benötigt man zwei Pakete Whistkarten. Zunächst werden aus den beiden Spielen die acht Asse herausgenommen und paarweise in einer horizontalen Reihe auf den Tisch gelegt. Auf diese Grundkarten sollen in aufsteigender Ordnung, jedoch ohne Berücksichtigung der Farbe, Familien aufgebaut werden, die mit dem König abschließen.

Dann zählt man 13 Karten zu einem Päckchen ab, das offen aufgelegt wird. Dieses Päckchen heißt „die Fliege". Nun zieht man vom übriggebliebenen Paket eine Karte nach der anderen ab. Paßt die abgezogene Karte auf die Grundkarte bzw. auf die oberste Karte der Grundpäckchen (Familien), so wird sie ohne Farbzwang angelegt. Karten, die nicht passen, legt man in fünf Talons offen ab. Man kann jede Karte auf einen beliebigen Talon legen, wobei keine hohe Karte auf eine niedrige gelegt werden sollte. Man bestimmt oft auch vorteilhaft einen der Talons für die Könige, weil diese – als die höchsten Karten – am spätesten Verwendung finden.

Während des Spieles muß man die oberste Karte der „Fliege" im Auge behalten und sie auf die Grundpäckchen anlegen, sobald sich die Gelegenheit ergibt. Ebenso verfährt man mit den obersten Karten der Talonpäckchen, doch haben die Karten der „Fliege" den Vorzug. Das Spiel darf nur einmal durchgenommen werden. Ist die Patience geglückt, müssen alle Karten des Spieles in die acht Familien, die mit den Königen schließen, restlos eingeordnet sein.

Die Garbe

Diese relativ einfache Patience, die mit zwei Paketen Whistkarten gespielt wird, eignet sich besonders gut dazu, das Umlegen auf Hilfskarten zu erlernen und zu üben. Aus den beiden Spielen nimmt man vier Asse und vier Könige heraus, die in zwei senkrechten Reihen nebeneinander aufgelegt werden, und zwar so, daß immer As und König derselben Farbe benachbart sind. Auf die Asse sollen die Familien in aufsteigender Ordnung, auf die Könige in abfallender Ordnung, mit Farbzwang, aufgebaut werden.

Wenn diese acht Grundkarten ausgelegt sind, legt man zu beiden Seiten je vier Hilfskarten (im ganzen acht) wieder in senkrechten Reihen aus. Sind unter diesen acht Karten solche, die sich zum Aufbau der Familien verwenden lassen, so werden sie sofort angelegt. Die entstandenen Lücken (freien Plätze) werden mit Karten des Talons ergänzt. Wenn unter den Hilfskarten solche sind, die in auf- oder absteigender Ordnung und in gleicher Farbe aufeinanderpassen, werden sie schuppenartig aufeinandergelegt.

Es bleibt der Entscheidung des Spielers überlassen, ob er auf- oder absteigende Folgen bilden will, da ja beide für das Spiel verwendbar sind: die aufsteigenden für die Asse, die abfallenden für die Könige. Aus den nicht verwendbaren Karten bildet man den Block, dessen oberste Karte stets frei ist und gleichfalls zum Anlegen bzw. Umlegen verwendet werden muß. Die Freiplätze, die im Laufe des Spieles in den waagrechten Hilfsreihen entstehen, werden stets wieder vom Talon bzw. vom Block aufgefüllt. Das Umlegen ganzer Folgen mit einem Griff ist nicht gestattet. Der Talon darf nur einmal durchgespielt werden. Ist danach der Aufbau der acht Familien nicht vollendet, so ist die Patience als mißlungen zu betrachten.

Das Rechenexempel

Diese amüsante Patience wird mit einem Paket Whistkarten gespielt. Man entnimmt dem Spiel ohne Rücksicht auf die Farbe folgende acht Karten: ein As, zwei Zweier, einen Dreier, zwei Vierer, einen Sechser und einen Achter, die man, wie die Abbildung zeigt, auf den Tisch legt. Die erste Reihe besteht also aus As, Zweier, Dreier und Vierer, darunter befinden sich Karten, deren Wert doppelt so hoch ist wie in der oberen Reihe: Zweier, Vierer, Sechser und Achter.

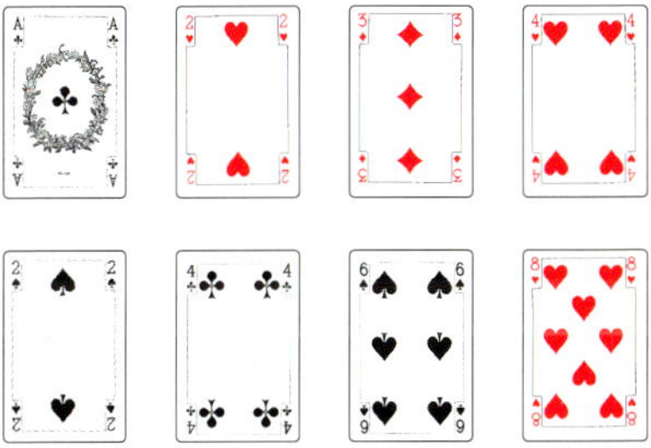

Vom gut gemischten Talon zieht man nun nacheinander je eine Karte ab. Sobald eine Karte erscheint, deren Wert die Summe von zwei untereinanderliegenden Karten ergibt, legt man sie auf die untere der beiden Karten. Die Farben haben bei dieser Patience keine Bedeutung, es gilt allein der Wert der Karten. Das As zählt eins, der Zweier zwei, der Dreier drei usw., der Bube gilt elf, die Dame zwölf und der König dreizehn.

Beispiel: Unter dem As liegt ein Zweier, die Summe der beiden Karten ist drei. Sobald ein Dreier erscheint, wird er auf den unter dem As liegenden Zweier gelegt. Unter dem Zweier liegt ein Vierer, die Summe der beiden Karten ist sechs, sobald ein Sechser erscheint, wird er auf den Vierer gelegt.

Wenn die Summe der beiden Karten die Zahl 13 übersteigt, so wird davon 13 abgezogen, und es gilt nur der Rest. Beispiel: Wenn unter dem Vierer der oberen Reihe eine Dame liegt, so beträgt die Summe beider Karten 16, in diesem Fall rechnet man 13 ab, es bleiben somit drei, und man legt einen Dreier auf die Dame. Ergibt die Summe 15, so wird ein Zweier auf die untere Karte gelegt, ergibt sie 14, ein As.

Wenn die Summe der beiden Karten genau 13 beträgt, so legt man den König, der 13 gilt, auf die untere Karte. Auf dieses Päckchen darf keine Karte mehr gelegt werden. Ist die Patience aufgegangen, dann muß jedes der vier Päckchen mit einem König schließen.

Die nicht passenden Karten werden während des Spieles auf einen Stoß gelegt. Ist nach einmaligem Abziehen des Talons die Patience noch nicht aufgegangen, dann wird der Stoß, ohne seine Ordnung zu stören, noch einmal und gegebenenfalls ein drittesmal durchgespielt. Wenn dann die Patience nicht aufgelöst werden konnte, ist sie als mißglückt zu betrachten.

Wenn die Patience aufgeht, dann liegen die oberen Karten und die darunter befindlichen Päckchen in folgender Ordnung:

1	2	3	4
2	4	6	8
3	6	9	D
4	8	D	3
5	10	2	7
6	D	5	B
7	1	8	2
8	3	B	6
9	5	1	10
10	7	4	1
B	9	7	5
D	B	10	9
K	K	K	K

Der Rangierbahnhof

Diese unterhaltende Patience wird mit einem Paket Whistkarten gelegt. Sie zählt zu den leichteren Patiencen, aber damit ist nicht gesagt, daß man sie ganz mechanisch spielen darf. Auch hier sind Kombinationsgabe und Überlegung erforderlich, um erfolgreich „rangieren" zu können. Man wird die Finessen erst entdecken, wenn man die Patience mehrmals durchgespielt hat. Der gute Spieler wird die gleiche Patience auflösen, die dem schlechten Spieler nicht ausgeht.

Zunächst entnimmt man dem Spiel die vier Asse und legt sie als Anfangskarten von vier Reihen untereinander offen auf. Hinter dem As bleibt ein Feld frei, dann werden vier Reihen zu je zwölf Karten nebeneinander offen aufgelegt. Die Kartenfamilien sollen aufsteigend gebildet werden, d. h. in die vier freien

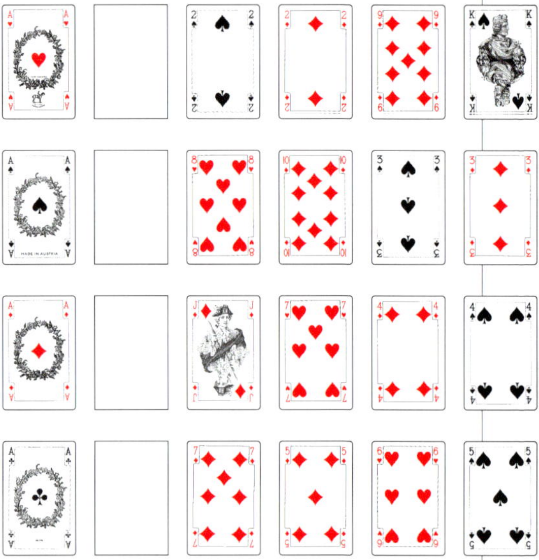

Felder hinter die Asse müssen zunächst die Zweier der gleichen Farbe gelegt werden. Durch das Anlegen der Zweier sind wieder vier Felder frei geworden. Jedes Feld, das im Kartenbild frei wird, kann mit einer Karte belegt werden, die nach Rang und Farbe der vorhergehenden folgt (z.B. hinter einen Karo-Vierer ein Karo-Fünfer, hinter einen Treff-Buben eine Treff-Dame usw.). Das freie Feld hinter einem König kann daher nicht mehr ausgefüllt werden, man muß also bestrebt sein, diese Felder so spät wie möglich „aufzureißen".

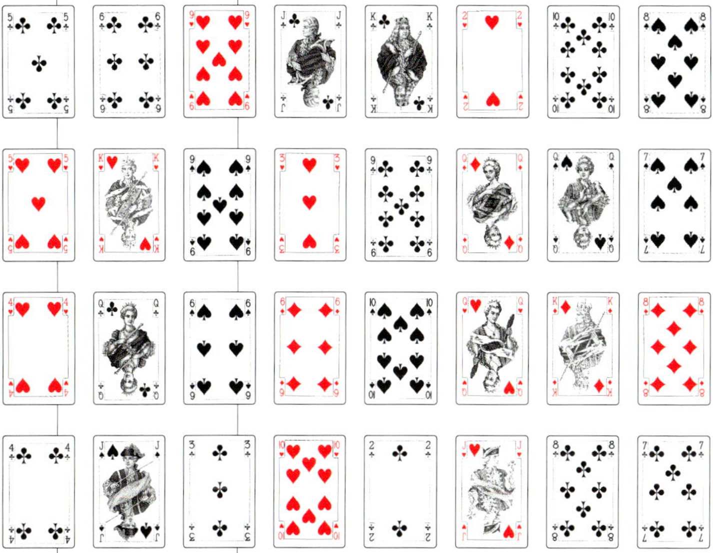

Ist keine Bewegung mehr möglich, dann werden jene Karten, die noch nicht geordnet sind, zusammengenommen, durchgemischt und neuerlich aufgelegt, so daß hinter den bereits geordneten Karten ein Feld frei bleibt. Das Zusammennehmen und Neuauflegen der noch nicht geordneten Karten darf zweimal erfolgen. Sind nach dem dritten Auflegen die Kartenfamilien nicht vollkommen aufgebaut, dann ist die Patience nicht aufgelöst worden.

Die fünf Schlangen

Diese amüsante Patience wird mit einem Paket Whistkarten gespielt. Man legt zunächst vom Paket fünf Karten in einer waagrechten Reihe offen auf. Ist unter diesen fünf Karten ein As, so wird es als Grundkarte ausgelegt und die dadurch entstandene Lücke mit einer Karte aus dem Paket ergänzt. Ziel der Patience ist, auf die Asse aufsteigende Familien der gleichen Farbe aufzubauen. Die Asse dürfen jedoch erst beim Erscheinen während des Auflegens des Kartenbildes ausgelegt werden. Sollten in den ersten fünf Karten auch solche Blätter sein, die auf ein oder mehrere bereits ausgelegte Asse passen, dann können sie gleich angelegt werden. Auch diese Lücken sind vom Paket sofort aufzufüllen.

Das eigentliche Spiel beginnt damit, daß man – ausgehend von den fünf Karten der waagrechten Reihe – die Karten des Spiels in senkrechten Reihen auslegt, und zwar schuppenartig übereinander. Scheinen bei diesem Auslegen Karten auf, die zum Aufbau der Familien geeignet sind, so werden sie sofort angelegt. Bei dieser Patience bleibt es dem Spieler und seiner Entscheidung überlassen, in welche der fünf Reihen er die vom Talon abgezogenen Karten legen will, er muß dabei aber mit Überlegung verfahren, damit er sich nicht eine niedere Karte durch eine höhere derselben Farbe verlegt. Nur das letzte Blatt jeder Reihe ist frei! Der Spieler entscheidet auch, wie viele Karten er in eine Reihe legt. Es kann eine Reihe doppelt so lang sein wie eine andere, wenn es für den Fortgang des Spieles nützlich erscheint. Nach Möglichkeit wird man die hohen Karten in eine Reihe zusammenbringen: die Damen auf Könige, die Buben auf Damen usw. Erst wenn alle Karten in fünf Reihen ausgelegt sind, darf mit dem Aufbau der Familien begonnen werden, und es dürfen zum Anlegen nur die freien Karten benutzt werden, d. h. das unterste Blatt jeder Reihe. Ist eine Reihe ganz aufgebraucht, so darf man aus den anderen vier Reihen einzelne freie Karten oder geschlossene Folgen auf den entstandenen Freiplatz umlegen. Niemals aber dürfen mehr als fünf Reihen gebildet werden. Das Hauptaugenmerk ist darauf zu richten, daß man durch geschicktes Umlegen Karten zum Aufbau der Familien gewinnt, und hüten muß man sich vor allem davor, niedere Karten unter höheren zu „vergraben".

Ist es gelungen, alle Karten in die acht Familien einzuordnen, dann ist die Patience geglückt.

Die Kletterpartie

Diese Patience ist ein richtiges Geduldspiel, das viel Nachdenken und Überlegung erfordert, gleichzeitig aber auch recht unterhaltend ist. Ein Paket Whistkarten wird gut gemischt und in vier Reihen zu je 13 Karten offen auf den Tisch gelegt. Das Ziel dieser Patience ist, die 52 Karten in den vier Reihen so zu ordnen, daß sie schließlich in folgender Reihenfolge liegen:

1. Reihe: Herz 2, 3, 4, 5, 6, 7, 8, 9, 10, Bube, Dame, König, As;
2. Reihe: dieselbe Reihenfolge in Pik;
3. Reihe: dieselbe Reihenfolge in Karo;
4. Reihe: dieselbe Reihenfolge in Treff.

Um dies zu erreichen, werden die Karten im Kartenbild hin und her geschoben. Man läßt sie gleichsam von einer Reihe zur anderen klettern, bis sie den gewünschten Platz erreicht haben. Dabei darf man eine Karte mit einer neben ihr liegenden (rechts oder links, oben oder unten) vertauschen, wenn die beiden Karten im Wert benachbart sind, und zwar ohne Rücksicht auf die Farbe. Man darf also einen Buben mit einem Zehner, ein As mit einem König oder einem Zweier vertauschen. Auf diese Weise sind die Karten nach und nach auf ihre Plätze zu bringen.

Die Launenhafte

Die Patience wird mit zwei Paketen Whistkarten gespielt. Einem der Spiele entnimmt man die vier Asse und die vier Könige, die in zwei Reihen untereinander offen aufgelegt werden. Auf die Asse sollen die Familien in aufsteigender Ordnung aufgebaut werden, auf die Könige in absteigender Ordnung.*

Unterhalb der Asse und Könige werden nun zwölf Karten in einer Reihe offen aufgelegt. Erscheinen Karten, die auf die Grundkarten passen, so werden sie sofort angelegt und durch weitere Karten ersetzt. Dann legt man über die erste Reihe schuppenartig eine zweite Reihe von zwölf Karten, wobei man in derselben Weise vorgeht. Zu beachten ist folgendes: Hat eine Karte in den Reihen bereits ihren Platz eingenommen, so ist

---

* Man kann neben die As-Reihe ein kleines Täfelchen mit der Aufschrift „AUF" legen, neben die Königs-Reihe eines mit der Aufschrift „AB", da man während des Spieles leicht vergißt, welche Reihe wie zu bilden ist. Dieses einfache Hilfsmittel verhindert Irrtümer und Fehler und ist auch bei anderen Patiencen ähnlicher Art sehr praktisch.

es nicht erlaubt, sie auf die Familien anzulegen, wenn sie auch noch nicht von den Karten der folgenden Reihe eingeschlossen ist. Auf die zweite Reihe legt man dann eine dritte und so fort, bis alle Karten verbraucht sind. Auch die letzte Reihe wird wieder überprüft, ob Karten enthalten sind, die sich zum weiteren Aufbauen der Familien eignen.

Dann beginnt man mit dem Umlegen, d. h. man legt in der untersten Reihe solche Karten aufeinander, die von derselben Farbe sind und in auf- oder absteigender Ordnung zueinander passen, um auf diese Weise weitere Karten für den Aufbau der Familien zu gewinnen. Frei ist eine Karte, wenn ihre untere Kante an keine andere Karte grenzt.

Sind durch Anlegen oder Umlegen keine Bewegungen mehr möglich, dann nimmt man die Karten zusammen, und zwar so, daß man bei der links liegenden senkrechten Reihe beginnt und dabei sorgfältig vermeidet, die Ordnung der Karten zu zerstören. Nun darf man ein zweites und drittes Mal auflegen, wobei man wieder genauso vorgeht wie beim ersten Auflegen der Karten.

Die Patience ist mißglückt, wenn nach dem dritten Auflegen die Familien nicht restlos aufgebaut werden konnten.

Die Kleeblätter

Diese reizvolle Patience, die viele Kombinationsmöglichkeiten zuläßt, wird in der Regel mit einem Paket Whistkarten gespielt. Die vier Asse werden am unteren Rand des Tisches ausgelegt; sie bilden die Grundkarten, auf denen die vier Familien in aufsteigender Ordnung und mit Farbzwang aufgebaut werden sollen.

Die übrigen Karten werden in 16 Fächer zu je drei Karten offen auf den Tisch gelegt, wie es die Abbildung zeigt. Frei sind nur die obersten, unbedeckten Karten dieser „Kleeblätter". Die freien Karten werden, wenn sie nach ihrem Wert und ihrer Farbe passen, in aufsteigender Ordnung auf die Grundkarten (Asse) gelegt. Auf die freien Karten der Kleeblätter werden auch solche Karten umgelegt, die in fallender Ordnung und in der Farbe passen. Diese Folgen müssen, sobald sie Anschluß haben, ihrerseits auf die Grundpakete angelegt werden. Wird eine obere Karte an- bzw. umgelegt, so wird automatisch die unter ihr liegende Karte frei.

Wenn das Spiel stockt und keine Bewegung mehr möglich ist, so nimmt man die Fächer zusammen, ohne ihre Ordnung zu stören, und legt sie in der angegebenen Weise nochmals auf. Dieses Zusammenraffen ist noch ein zweitesmal gestattet, so daß die Kleeblätter insgesamt dreimal aufgelegt werden dürfen. Die Patience ist geglückt, wenn alle vier Kartenfamilien geordnet erscheinen.

Will man die Patience schwieriger gestalten, dann legt man die vier Asse nicht vor Beginn des Spieles auf, sondern erst bei ihrem Erscheinen im Kartenbild als oberste Karten der Kleeblätter. In diesem Falle werden 17 Fächer gelegt, der letzte mit vier Karten.

Diese Patience kann auch mit zwei Paketen Whistkarten gespielt werden. Man legt dann acht Asse als Grundkarten aus und bildet aus den übrigen Karten 32 Kleeblätter zu je drei Karten.

Die Jakobsleiter

Diese eigenwillige Patience ist sehr unterhaltend und gar nicht so leicht zu lösen, wie es auf den ersten Blick vielleicht aussehen mag. Sie wird mit einem Paket Whistkarten gespielt, dem man zunächst die ganze Herzfolge und den Pik-König entnimmt. Der Pik-König ist der „Jakob", der die „Leiter" hinaufklettern soll. Die Herzfolge wird stufenartig aufgelegt, wie es die Abbildung zeigt.

Die restlichen Karten des Paketes werden in sechs Reihen zu sechs Bildern offen ausgelegt, in die siebente Reihe kommen nur zwei Blätter (zusammen also 38 Karten).

Aus der ersten Reihe entnimmt man zwei beliebige Blätter und zieht den Augenwert der niedrigeren Karte von dem der höheren ab. Wurde der ersten Reihe beispielsweise ein Zehner und ein Fünfer entnommen – die Differenz ist fünf –, dann wird der „Jakob" neben den Herz-Fünfer gelegt. Als zweites Kartenpaar der ersten Reihe zieht man einen Neuner und einen Buben (elf)* – die Differenz ist zwei –, der „Jakob" , der auf

* Wie bei allen Rechen-Patiencen zählt der Bube elf, die Dame zwölf und der König 13; die übrigen Karten nach ihrer Augenzahl.

fünf steht, geht um zwei Stufen weiter und liegt nun neben dem Herz-Siebener. Die nächsten zwei Karten sind z. B. zwei Achter – keine Differenz –, der „Jakob" bleibt auf seiner Stufe stehen (Herz-Siebener). Damit ist die erste Reihe erschöpft, und man beginnt mit der zweiten Reihe. Dieser entnimmt man einen König und einen Zweier (13 – 2 = 11). Der „Jakob" steht auf der siebenten Stufe und soll elf Stufen steigen. Da aber die Leiter nur 13 Stufen hat, muß er wieder von unten beginnen und kommt wieder neben den Herz-Fünfer.

Dieses Spiel setzt man fort, bis alle Blätter der sieben Reihen nach den angegebenen Regeln verbraucht sind, und man läßt den „Jakob" auf der Leiter hin und her springen. Das Endziel besteht darin, daß der „Jakob" auf Stufe 13 – also neben dem Herz-König – stehen soll, und zwar in dem Augenblick, da das letzte Kartenpaar gespielt wird. Beim Endspiel heißt es daher vorsichtig sein und mit Überlegung kombinieren!

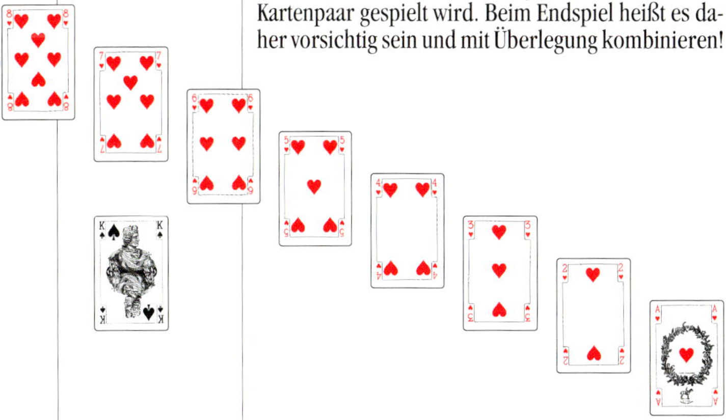

Das Grabmal des Pharao

Diese reizvolle Patience, die allerdings ihre Tücken hat und nicht leicht aufzulösen ist, wird mit zwei Paketen Whistkarten gespielt. Es werden vier Reihen zu je sieben Karten offen ausgelegt, wie die Abbildung zeigt. Nun muß man sich einprägen, daß folgende Felder für folgende Grundkarten bestimmt sind:

1. Reihe: für den Herz-König das Mittelfeld,
2. Reihe: für die beiden Pik-Könige das dritte und das fünfte Feld,
3. Reihe: für die beiden Karo-Könige das zweite und das sechste Feld,
4. Reihe: für die beiden Treff-Könige das erste und das siebente Feld und
   für das Herz-As das Mittelfeld.

Hat man das Kartenbild ausgelegt, dann sieht man zunächst nach, ob die genannten Grundkarten enthalten sind. Ist das der Fall, dann werden diese auf die für sie bestimmten Felder gelegt, indem man einfach diese Karten gegen die auf den reservierten Feldern liegenden Karten austauscht. Auf die Grundkarten sollen die Familien aufgebaut werden, und zwar auf die sieben Könige in absteigender Folge. Sind im Kartenbild außer den Grundkarten auch Folgekarten vorhanden, so werden diese gleich angelegt, also z.B. Herz-Dame auf den Herz-König, Pik-Dame und Pik-Bube auf den Pik-König, Herz-Zweier auf das Herz-As. Die dadurch entstehenden Freiplätze sind für den weiteren Fortgang des Spieles von größter Wichtigkeit.

Sind im Kartenbild keine Bewegungen mehr möglich, so werden vom Talon nacheinander die einzelnen

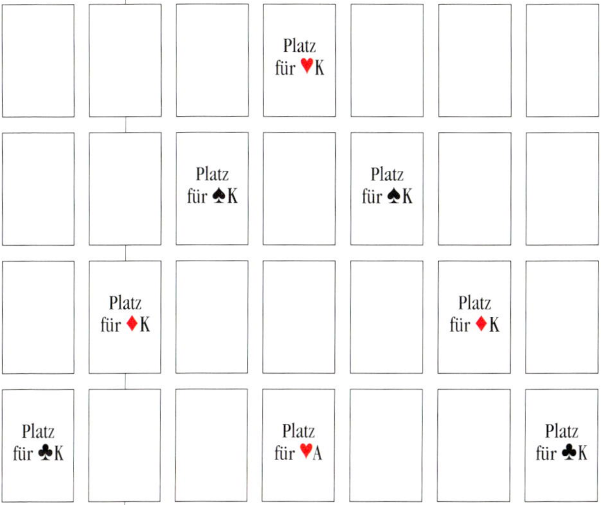

Blätter abgezogen. Die aufscheinenden Grund- und Folgekarten werden angelegt, ebenso die durch dieses Anlegen im Kartenbild passend gewordenen Karten. Paßt die vom Talon abgezogene Karte nicht, dann wird sie offen neben den Talon gelegt, diese Karten bilden den sogenannten Block. Die Freiplätze sollen vor allem für die Könige reserviert bleiben, denn wenn ein König aufscheint und kein Freiplatz vorhanden ist, muß er auf den Block gelegt werden. Ziel ist es, den Block nicht allzu stark anwachsen zu lassen und nach Möglichkeit die vom Talon abgezogenen Karten, die vorläufig nicht angelegt werden können, auf Freiplätze zu placieren. Das erfordert

Überlegung und einige Übung, die man beim öfteren Legen der Patience gewinnt.

Ein kleines Beispiel soll die Technik des Spieles illustrieren: Im Kartenbild liegen Pik-Siebener, Pik-Achter und Pik-Neuner. Auf dem Pik-König liegen bereits Dame und Bube, es fehlt also nur der Pik-Zehner, um die drei genannten Karten anlegen zu können. Man zieht vom Talon den Pik-Sechser und Pik-Fünfer ab. Diese Karten werden nicht auf den Block gelegt, sondern auf Freiplätze. Denn wenn der Pik-Zehner erscheint, entstehen mit einem Schlag fünf Freiplätze. Auf die Freiplätze sind solche Karten zu legen, die voraussichtlich in nächster Zeit gebraucht werden. Wenn die beiden Herz-Familien (aufgebaut auf Herz-König und Herz-As) einander begegnen, dann ist das Umlegen von der einen auf die andere gestattet, falls dadurch die Möglichkeit gegeben wird, andere Herz-Karten des Kartenbildes anzulegen. Der Talon darf nur einmal abgezogen werden.

Ist die Patience aufgegangen, dann bilden die sieben Asse eine Pyramide, in deren Mitte der Herz-König liegt – daher der Name „Das Grabmal des Pharao".

Die Ahnengalerie

Die Patience wird mit zwei Paketen Whistkarten gespielt, aus denen man die acht Asse entfernt. Nachdem man die Karten gut gemischt hat, werden vier Reihen zu je acht Karten offen aufgelegt.

In der ersten Reihe sollen auf die Zweier die Fünfer, Achter und Buben aufgebaut werden, in der zweiten Reihe auf die Dreier die Sechser, Neuner und Damen,

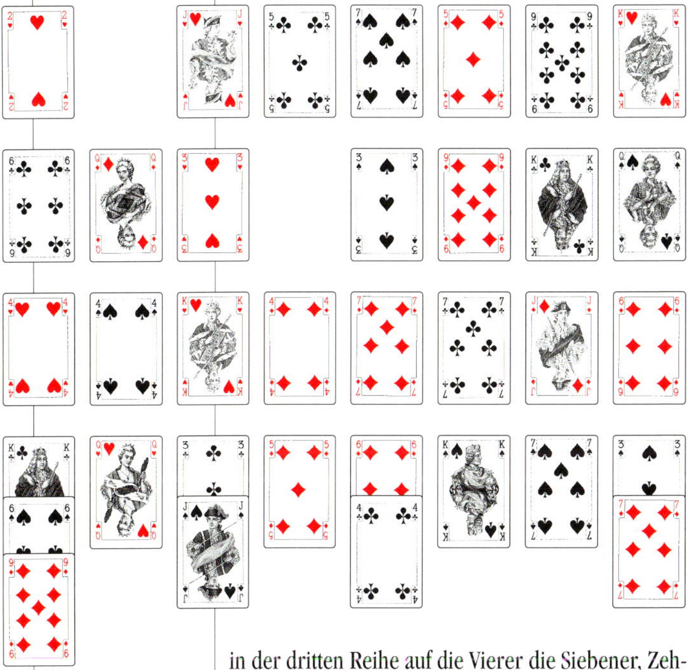

in der dritten Reihe auf die Vierer die Siebener, Zehner und Könige, jeweils in der gleichen Farbe. Die vierte Reihe gilt als Hilfsreihe.

Zunächst sind durch Platztausch die Grundkarten (Zweier, Dreier und Vierer) in die für sie bestimmte Reihe zu bringen. Liegt also ein Zweier in der zweiten Reihe und ein Dreier in der ersten Reihe, so dürfen diese Karten ihre Plätze tauschen. Oder man tauscht einen Vierer aus der ersten Reihe gegen einen Zweier, der in der dritten Reihe liegt. Die nächste Phase des Spieles besteht darin, daß man aus den bisher ausgelegten Karten die Kartenfolgen aufzubauen sucht, um auf diese Weise freie Plätze zu bekommen. Liegt z. B. in der ersten Reihe ein Herz-Zweier und in der dritten Reihe ein Herz-Fünfer, so wird dieser auf den Herz-Zweier gelegt, womit in der dritten Reihe ein freies Feld für einen Vierer gewonnen wird. Selbstverständlich müssen auch die Karten aus der Hilfsreihe (vierte Reihe) in der angegebenen Weise angelegt werden.

Sind im Kartenbild keine Veränderungen mehr möglich, dann legt man schuppenartig auf die acht Karten der Hilfsreihe weitere acht Karten offen darüber. Die passenden Karten werden nun wieder angelegt, bzw. neu aufscheinende Zweier, Dreier und Vierer kommen auf die gewonnenen freien Plätze der ersten, zweiten und dritten Reihe. Das wiederholt man, bis der Talon aufgebraucht ist.

Das Aufbauen auf die Grundkarten darf aber nicht einfach mechanisch erfolgen, sondern muß gut durchdacht sein. Es wird sich mehrfach ergeben, daß der Spieler überlegen muß, welche von zwei gleichen Karten er anlegen soll. Noch etwas ist zu berücksichtigen: Figuren, die in der untersten Reihe der Hilfskarten liegen, können nicht gefährlich werden, weil sie den Abschluß eines Grundpäckchens bilden. Man kann sie daher ruhig liegenlassen, selbst wenn die Möglichkeit besteht, sie anzulegen. Wenn z. B. ein Grundpäckchen bis zum Herz-Neuner aufgebaut ist und als unterste Karte in der Hilfsreihe eine Herz-Dame

erscheint, bleibt sie liegen. Warum? Weil es sein kann, daß die zweite Herz-Dame bei ihrem Auftauchen einen Herz-Sechser deckt oder sonst eine wichtige Karte, die die Reihe „verschüttet". Wenn aber die erste Herz-Dame noch nicht angelegt wurde, läßt sich jetzt die zweite Herz-Dame auf den Herz-Neuner legen und so aus dem Weg räumen, um die unteren Karten wieder freizubekommen. Gerade auf die Gefahr, daß Reihen „verschüttet" werden, ist besonderes Augenmerk zu lenken. Es kann natürlich vorkommen, daß solche Reihen nicht aufzulösen sind, dagegen ist auch der beste Spieler machtlos, denn in diesem Fall kann die Patience nicht glücken.

Aufgegangen ist die Patience, wenn die erste Reihe des Kartenbildes alle Buben, die zweite alle Damen und die dritte alle Könige zeigt – daher der Name „Die Ahnengalerie".

Der Zopf

Diese interessante, aber ziemlich schwierige Patience wird mit zwei Paketen Whistkarten gespielt. Zunächst werden acht Gruppen zu je drei Karten offen auf den Tisch gelegt, und zwar so, daß sie, wie die Abbildung zeigt, dem Geflecht eines Zopfes ähnlich sehen. Zu beiden Seiten des Zopfes werden je vier Hilfskarten und vier weitere in die Ecken gelegt, zusammen also zwölf Karten.

Die erste Karte, die der Spieler vom Talon abzieht, gilt als Basis der Grundkarten für die zu bildenden Familien. Ist es z. B. ein Zehner, sollen auf die acht Zehner die Familien aufgebaut werden, und es bleibt dem Spieler überlassen, ob er dies in auf- oder absteigender Ordnung tun will. Seine Entscheidung wird davon abhängen, ob die freie Karte des Zopfes und die Hilfskarten die eine oder die andere Ordnung begünstigen. Sind unter diesen Karten einige Buben, dann wird man die Familien aufsteigend bauen, sind darunter mehr Neuner, dann in absteigender Ordnung. Frei ist nur die unterste, unbedeckte Karte des Zopfes; selbstverständlich sind auch die Hilfskarten frei.

Nun zieht man vom Talon der Reihe nach je eine Karte ab. Wenn es eine Grundkarte ist, wird sie sofort ausgelegt. Auch werden die freien Karten des Zopfes und jene Hilfskarten angelegt, die auf die Grundkarten passen. Wird eine Hilfskarte angelegt, so darf ihr Platz mit einer freien Karte des Zopfes belegt werden. Der Spieler muß vor allem darauf achten, den Zopf aufzulösen, indem er seine freien Karten entweder auf die Familien anlegt oder auf die frei werdenden Hilfsplätze überträgt. Ist der Zopf aufgelöst, dann werden die freien Plätze der Hilfskarten mit den Karten des Talons belegt. Der Talon darf dreimal durchgespielt werden.

Der Hochzeitszug

Diese reizvolle Patience wird mit zwei Paketen Whistkarten gespielt. Es werden 16 Päckchen zu je vier Karten in zwei Reihen offen ausgelegt, und zwar so, daß zwischen den beiden Reihen Platz für die Grundkarten bleibt, die querliegend hintereinander so angeordnet werden, daß immer ein As und ein Zweier derselben Farbe ein Paar bilden (siehe Abbildung Seite 48).

Auf den Assen und Zweiern, die bei ihrem Erscheinen im Kartenbild als Grundkarten ausgelegt werden,

sollen aufsteigende Folgen in springender Ordnung gebildet werden. Auf die Asse werden die Dreier, Fünfer, Siebener, Neuner, Buben und Könige; auf die Zweier die Vierer, Sechser, Achter, Zehner und die Damen gelegt.

Man beginnt damit, daß man die obersten Karten der ausgelegten 16 Päckchen nach Grundkarten und passenden Folgekarten durchsieht und diese anlegt, zunächst also Asse und Zweier usw. Sind keine passenden Karten mehr frei, dann versucht man durch Umlegen weitere Karten zu gewinnen. Bei diesem Umlegen darf jede Karte nur auf die nächsthöhere derselben Farbe gelegt werden. Sobald eine passende Folgekarte frei wird, wird sie sofort angelegt. Ist durch das Anlegen bzw. Umlegen eines der 16 Päckchen aufgebraucht, so ersetzt man es sofort aus dem Talon (jedesmal wieder vier Karten).

Sind keine Veränderungen mehr möglich, dann nimmt man die 16 Päckchen der Reihe nach zusammen und schiebt den so gewonnenen Kartenblock – ohne zu mischen – unter die restlichen Karten des Talons. Nun legt man neuerlich 16 Päckchen aus und fährt mit dem Anlegen bzw. Umlegen fort. Aufgebrauchte Päckchen werden wieder aus dem Talon ersetzt. Ist dieser vollständig aufgebraucht, so dürfen Freiplätze mit den obersten Karten der Päckchen belegt werden, wodurch wieder Karten zum Anlegen frei werden. Wenn die Patience nach dem zweiten Auslegen noch nicht aufgegangen ist, dann ist das Zusammenraffen und Wiederauflegen noch ein zweitesmal gestattet; geht sie auch dann nicht auf, dann ist sie als gescheitert zu betrachten.

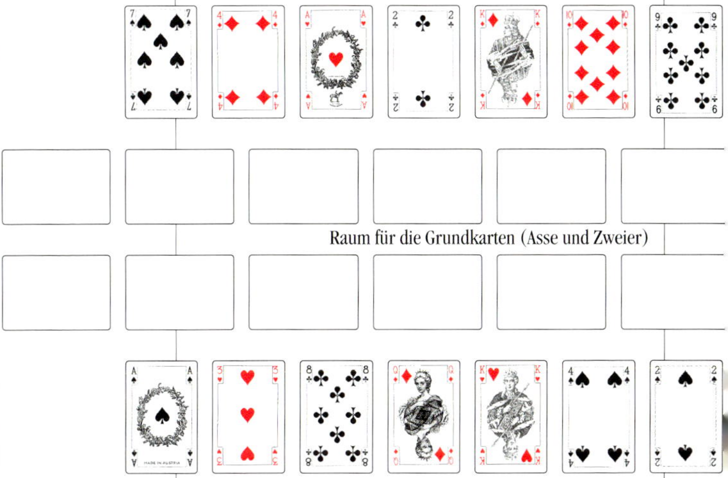

Nach geglückter Beendigung der Patience zeigen die Doppelreihen je einen König und eine Dame, also einen „Hochzeitszug“ von acht Paaren.

Die Pyramide

Diese sehr abwechslungsreiche, wenn auch ziemlich schwierige Patience wird mit zwei Paketen Whistkarten gespielt. Das Auflegen des Kartenbildes geschieht in folgender Weise: In der ersten Reihe legt man zunächst zehn Karten nebeneinander auf, und zwar neun verdeckt und nur die letzte Karte offen. In die zweite Reihe, die schuppenförmig über die erste Reihe gelegt wird, kommen neun Karten, acht verdeckt und nur die neunte Karte offen. In die dritte Reihe acht

Karten, die achte offen usw., so daß in der letzten, zehnten Reihe eine Karte offen ist. Es entstehen somit zehn Reihen, von denen jede um eine Karte weniger enthält als die Reihe darüber und deren letzte Karte jeweils offen ist, während alle anderen Kartenblätter verdeckt liegen. Die restlichen 49 Karten bilden den Talon, den der Spieler vor sich hinlegt (siehe Abbildung Seite 50).

Ziel der Patience ist, auf den acht Assen, die beim Erscheinen im Kartenbild oder beim Abziehen vom Talon als Grundkarten ausgelegt werden, Familien in aufsteigender Ordnung aufzubauen. Aus den offenen Karten des aufgelegten Kartenbildes entnimmt man zunächst die etwa vorhandenen Grund- und Folgekarten und legt sie über oder neben dem Kartenbild auf, also zunächst die Asse, dann Zweier, Dreier usw., falls die Asse gleicher Farbe schon vorhanden sind. Sobald eine offene Karte weggenommen wird, dreht man sofort die darunterliegende verdeckte Karte um. Paßt sie zum weiteren Aufbau der Familien, dann wird sie angelegt.

Sind keine passenden Karten mehr vorhanden, dann beginnt man mit dem Umlegen der offenen Karten des Kartenbildes. Das Umlegen erfolgt in absteigender Ordnung und in wechselnder Farbe (rot-schwarz-rot-schwarz). Mit dem Umlegen verfolgt man einerseits den Zweck, Karten zum Aufbauen der Familien freizubekommen, andererseits muß man dabei versuchen, ganze Reihen aufzulösen, um auf diese Weise Freiplätze zu erhalten. Es ist sowohl das Umlegen einzelner Karten gestattet als auch das Umlegen ganzer Folgen, z. B. Herz-Bube, Treff-Zehner,

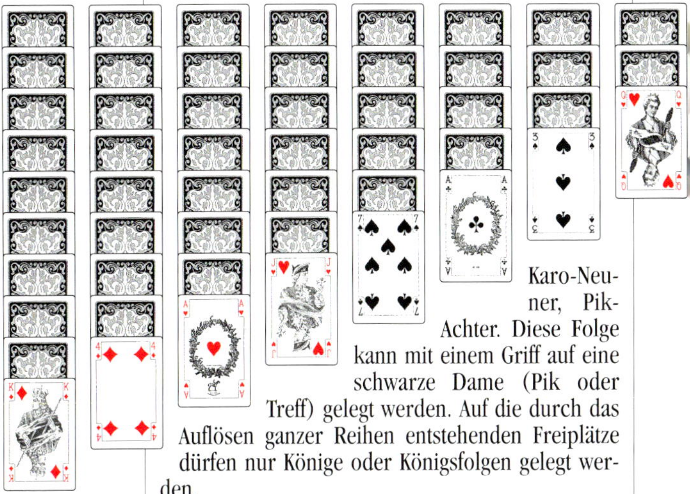

Karo-Neuner, Pik-Achter. Diese Folge kann mit einem Griff auf eine schwarze Dame (Pik oder Treff) gelegt werden. Auf die durch das Auflösen ganzer Reihen entstehenden Freiplätze dürfen nur Könige oder Königsfolgen gelegt werden.

Ist im Kartenbild keine Bewegung mehr möglich, dann beginnt man mit dem Abziehen vom Talon. Dabei muß jede Karte darauf geprüft werden, ob sie zum weiteren Aufbau der Familien paßt oder auf die offenen Karten des Kartenbildes. Bei dieser Gelegenheit sei nochmals daran erinnert, daß die Familien in aufsteigender Ordnung aufgebaut werden müssen, während die Folgen in absteigender Ordnung und in wechselnder Farbe anzusetzen sind. Sobald eine zum Anlegen auf die Familien geeignete Karte frei wird, muß sie sofort angelegt werden.

Vom Talon abgezogene Karten, die weder auf die Familien noch auf die Folgen passen, werden mit der

Bildseite nach oben abgelegt. Auch dieser Block ist während des ganzen Spieles beständig im Auge zu behalten, ob seine oberste Karte zum Anlegen oder Umlegen verwendet werden kann. Man muß immer darauf achten, daß der Block nicht zu sehr anwächst, da sonst die Gefahr besteht, daß wichtige Karten darin vergraben bleiben. Ist der Talon aufgebraucht, dann wird der Block umgedreht und noch einmal wie vorher der Talon abgezogen.

Wenn es gelingt, das Kartenbild in Wechselfolgen aufzulösen, so daß die einzelnen Karten auf die Familien angelegt werden können, und auch den Block allmählich aufzubrauchen, dann geht die Patience auf. Besonders spannend gestaltet sich oft das Endspiel dieser Kombinations-Patience.

Die kleine Napoleon-Patience

Diese Patience, die mit einem Paket Whistkarten gespielt wird, ist eine der schönsten und interessantesten der kleinen Patiencen. Vom gut durchgemischten Kartenpaket wird die oberste Karte abgezogen und in die Mitte des Kartenbildes gelegt. Sie gibt den Wert der Grundkarten an. Ist es z. B. ein Fünfer, dann bilden die vier Fünfer die Grundkarten, auf denen die vier Familien aufzubauen sind. Die übrigen drei Grundkarten werden ausgelegt, sobald sie aufscheinen. Für das Kartenbild legt man rechts und links von der ersten Grundkarte je fünf Blätter, und zwar aus der Mitte: die linke Hälfte des Kartenbildes von rechts nach links, die rechte Hälfte von links nach rechts. Auf diese Weise entstehen, wie es die Abbildung zeigt, vier Reihen zu je zehn Karten. In die fünfte und damit letzte Reihe werden auf jede Seite nur vier Blätter gelegt, das sind die Hilfskarten. Der in der Mitte dieser Reihe entstehende freie Raum heißt der „Keller".

Auf die Grundkarten, in diesem Beispiel also auf die Fünfer, sollen die Familien mit Farbzwang aufgebaut werden, wobei dem Spieler die Entscheidung überlassen wird, ob er das Aufbauen in steigender oder fallender Ordnung durchführen will, wie er es nach Überblicken des Kartenbildes für günstiger hält. Nur die äußersten, seitlichen Karten der fünf Reihen (also auch die der Hilfsreihe) sind frei und können auf die Grundkarten angelegt werden.

Um weitere Karten für den Aufbau der Familien freizubekommen, dürfen schuppenartig an die freien Blätter der vier Hauptreihen fallend und steigend freie Blätter mit Farbzwang umgelegt werden; auf die Karten der Hilfsreihe allerdings nicht, während deren Karten an die freien Karten der vier Hauptreihen umgelegt werden können.

Besonders wichtig ist es, eine oder womöglich mehrere Hauptreihen (Hälften) freizubekommen, um auf die so gewonnenen Freiplätze einzelne Karten oder Folgen, die im Wege sind, umzulegen. Folgen dürfen jedoch nicht im ganzen umgelegt werden, sondern nur immer deren einzelne Karten.

Wenn das Spiel ins Stocken gerät, dann kommt die Benützung des „Kellers" in Frage. Man darf nämlich eine Karte, die daran hindert, eine wichtige Karte zum Aufbau freizubekommen, in den Keller legen, und zwar nur freie Karten aus den Hauptreihen.

Man muß dieses „In-den-Keller-Legen" aber gut überlegen, denn die in den Keller gelegte Karte wird erst dann frei, bis mindestens eine Seite der Hilfsreihe verbraucht, d. h. an- oder umgelegt ist. Ist das der Fall, dann darf die Karte aus dem Keller auf die Familien oder an eine freie Karte der Hauptreihen gelegt werden. Wenn der Keller einmal durch Auflösen einer oder beider Seiten der Hilfsreihe frei ist, dann kann er beliebig oft benützt werden.

Ist der Aufbau der vier Familien gelungen, so ist die

Patience als gelöst zu betrachten. Kenner sind der Meinung, daß die „kleine" Napoleon-Patience weit anregender ist als die „große", die mit zwei Paketen gespielt wird.

Die große Napoleon-Patience

Diese Patience wird mit zwei Paketen Whistkarten gespielt. Es werden vier Querreihen zu je zehn Karten offen aufgelegt. Ziel der Patience ist das Aufbauen der acht Kartenfamilien auf die acht Asse in steigender Ordnung mit Farbzwang. Die Asse (Grundkarten) dürfen erst im Laufe des Spieles ausgelegt werden, und zwar oberhalb des Kartenbildes in einer Reihe.*

Frei sind nur jene Karten, deren untere Kante an keine andere Karte grenzt; zunächst also die zehn Karten der untersten (vierten) Reihe. Ist in dieser vierten Reihe ein Blatt, das als Grundkarte oder als Folgekarte angelegt werden kann, so wird es sofort angelegt, wodurch die Karte darüber frei wird. Um weitere Karten zu gewinnen, dürfen auf alle freien Blätter, mit Farbzwang, abfallend, freie Karten umgelegt werden. Diese Karten werden schuppenartig übereinandergelegt. Es ist auch gestattet, ganze Folgen mit einem Griff umzulegen. Wurden z. B. auf den freien Karo-Zehner der vierten Reihe im Laufe des Spieles der Karo-Neuner, Karo-Achter, Karo-Siebener umgelegt und wird nun in irgendeiner Reihe der Karo-Bube frei, dann darf man die ganze Karo-Folge (10-9-8-7) auf den

* Anfänger, die sich die Patience erleichtern wollen, können jene Asse, die beim Auslegen des Kartenbildes aufscheinen, gleich als Grundkarten auslegen. Den eigentlichen Regeln der Patience entspricht dies aber nicht.

Karo-Buben umlegen. Wenn eine ganze senkrechte Reihe aufgebraucht ist, entsteht in der ersten Reihe – und nur dort! – ein Freiplatz. Auf diese Freiplätze dürfen einzelne Karten, ganze Folgen und die oberste Karte des Blocks gelegt werden. Man muß besonderes Augenmerk darauf legen, sich solche Freiplätze zu schaffen, um dorthin womöglich Könige oder Königsfolgen zu legen.

Ist im Verlauf des Spieles keine Bewegung mehr möglich, dann werden die einzelnen Karten des Talons abgezogen und darauf geprüft, ob sie zum Anlegen bzw. Umlegen geeignet sind. Nicht verwendbare Karten werden zu einem Block geschichtet (offen), dessen oberste Karte jeweils frei ist. Auch mit diesen Karten des Blocks können die Freiplätze belegt werden, wenn es günstig erscheint und wenn man sie davor bewahren will, „verschüttet" zu werden. Der Talon darf nur einmal abgezogen werden. Wenn dann die Karten nicht restlos in die acht Familien eingeordnet sind, ist die Patience mißglückt.

Das Tableau

Diese Patience wird mit zwei Paketen Whistkarten gespielt und erfordert viel Aufmerksamkeit, wenn sie aufgehen soll. Man legt vier Reihen zu je zehn Blättern auf, und zwar so, daß zwischen dem fünften und sechsten Blatt jeder Reihe ein Zwischenraum bleibt, auf den später die acht Asse (zwei in jeder Reihe) als Grundkarten gelegt werden.

Auf die Asse sollen die Familien in steigender Ordnung aufgebaut werden. Zunächst wird das ausgelegte Kartenbild darauf geprüft, ob sich unter den freien

Karten Asse oder Folgekarten (Zweier, Dreier usw.) befinden, und diese angelegt. Frei sind nur die äußersten Karten der vier Hilfsreihen und das oberste (offene) Blatt des Blocks. Nun wird der Talon einzeln abgezogen, wobei die aufscheinenden Asse als Grundkarten und die zum Aufbau der Familien passenden Folgekarten gleich angelegt werden. An die äußersten Karten der vier Hilfsreihen (links und rechts außen) dürfen auch die vom Talon abgezogenen Karten angelegt werden, und zwar mit Farbzwang in abfallender Ordnung. Es ist auch gestattet, von den linken Halbreihen auf die rechten und umgekehrt passende Karten umzulegen, um auf diese Weise Folgen für den

Aufbau der Familien zu schaffen oder zum Anlegen geeignete Karten zu befreien. Dieses Umlegen muß sehr überlegt und vorsichtig geschehen, damit nicht niedere Karten unter höheren vergraben werden.

Die vom Talon abgezogenen und nicht verwendbaren Karten werden auf einen Block (offen) geschichtet. Ist eine Halbreihe aufgebraucht, dann darf dieser Freiplatz mit einer vom Talon abgezogenen Karte belegt werden oder auch mit einer freien Karte der übrigen Hilfsreihen. Der Talon (bzw. der Block) darf zweimal gelegt werden. Bei restloser Einordnung aller Karten in die acht Familien ist die Patience aufgegangen.

Die Schwierige

Die Patience ist nicht so schwierig, wie ihr Name sagt. Mit etwas Aufmerksamkeit und Überlegung kann sie gelöst werden, wenn die Kartenlage günstig ist. Aus zwei Paketen Whistkarten werden zunächst die acht Asse entnommen und in einer waagrechten Reihe ausgelegt. Auf die Asse sollen die Familien steigend, mit Farbzwang, aufgebaut werden. Die ersten vier Karten des Pakets werden offen zu einem Viereck ausgelegt, sie bilden die Hilfskarten.

Das Spiel beginnt damit, daß man vom Paket sechs Karten offen in waagrechter Reihe auslegt und überprüft, ob unter diesen sechs Karten oder unter den vier Hilfskarten solche sind, die auf die Asse zum Aufbau der Familien passen, vor allem also Zweier, Dreier usw. Auf die vier Hilfskarten darf von den freien Karten der waagrechten Reihen umgelegt werden (fallend, mit Farbzwang). Frei gewordene Plätze im

Kartenviereck (Hilfskarten) dürfen von der ersten waagrechten Reihe ergänzt werden. Nun legt man über die erste Reihe bzw. auf deren freie Plätze neuerlich eine zweite Reihe von sechs Karten schuppenartig auf. Frei sind stets die obersten Karten des Kartenvierecks (Hilfskarten) und die untersten Karten der Sechserreihen. Freie Karten der waagrechten Reihe dürfen auf Freiplätze im Kartenviereck und umgekehrt umgelegt werden. Es ist jedoch nicht gestattet, freie Plätze in den waagrechten Reihen mit Karten aus diesen Reihen zu belegen. Ebensowenig dürfen auf die freien Karten der waagrechten Reihen Folgen aufgeschichtet werden. Zum Aufbau der Familien geeignete Karten von den waagrechten Reihen und vom Kartenviereck werden sofort angelegt.

Alle Veränderungen im Kartenbild dürfen erst dann vorgenommen werden, wenn jeweils die sechs Karten einer waagrechten Reihe ausgelegt worden sind. Freiplätze müssen nicht sofort belegt werden, sondern können aufgespart werden, bis sich eine für das Spiel günstige Gelegenheit bietet. Das Kartenviereck (Hilfskarten) muß stets mit Überlegung ausgenützt werden, um Karten zum Aufbau der Familien zu gewinnen.

Wenn das Paket (der Talon) aufgebraucht ist, dann werden alle noch aufliegenden Karten der waagrechten Reihen und die Karten zweier Hilfsplätze (aus dem Kartenviereck) zusammengenommen, durchgemischt und neuerlich Reihen zu sechs Karten ausgelegt. Nach diesem zweiten Auslegen stehen nur noch zwei Hilfsplätze zur Verfügung, dagegen darf man jetzt auch freie Plätze in den waagrechten Reihen mit freien Karten aus diesen Reihen belegen. Mit dem restlosen Aufbau der acht Kartenfamilien ist die Patience geglückt.

Der Teppich

Diese Patience, eine der schönsten und interessantesten, die es gibt, wird mit zwei Paketen Whistkarten gespielt. Das Kartenbild wird in acht Reihen zu je acht Karten ausgelegt, und zwar so, daß die Karten immer abwechselnd senkrecht und waagrecht liegen, wie es die Abbildung zeigt. Ziel der Patience ist, die Familien auf den acht Königen abfallend und auf den acht Assen aufsteigend aufzubauen. Die Grundkarten (Asse und Könige) werden erst im Laufe des Spieles ausgelegt.

Frei sind nur jene Karten des Kartenbildes, deren eine Schmalseite an keine andere Karte grenzt. Zunächst ist zu prüfen, ob es im Kartenbild freie Grundkarten gibt. In der Abbildung sind z. B. frei: Treff-König und

Treff-As (oberste Reihe), Karo-König (unterste Reihe) und als Folgekarten Treff-Zweier und Treff-Dreier (unterste Reihe), Karo-Dame (vierte Reihe) und Treff-Dame (siebente Reihe). Durch das Auslegen des Karo-Königs wird Pik-As frei, auf dieses kommt der Pik-Zweier, ferner wird Karo-As frei, der Pik-Zweier usw.

Ist im Kartenbild keine Bewegung mehr möglich, dann zieht man einzeln die Karten vom Talon ab und verwendet sie entweder zum Aufbau der Familien oder bildet daraus den Block (Bildseite nach oben). Nach jedem Abziehen vom Talon muß das Kartenbild und die oberste Karte des Blocks nach Anschlußkarten zum Aufbau der Familien genau überprüft werden.

Zur Erleichterung des Spieles ist es gestattet, freie Karten des „Teppichs“ auf die oberste Karte des Blocks zu legen, sofern sie in auf- oder absteigender Ordnung und in der Farbe passen. Dadurch können im Kartenbild wieder Anschlußkarten gewonnen werden. Ferner ist es gestattet, von den Grundpäckchen der Asse auf die Grundpäckchen der Könige oder umgekehrt Karten umzulegen, wenn sie im Wert und in der Farbe passen und dadurch neuerlich im Kartenbild Blätter frei werden. Angenommen, ein Herz-As-Päckchen sei bis zum Neuner gediehen, ein Herz-König-Päckchen bis zum Zehner. Im Kartenbild befindet sich eine Herz-Dame, die eine wichtige Karte blockiert. Dann legt man Herz-Zehner, Herz-Bube und Herz-Dame vom Königspäckchen auf das As-Päckchen um und die Herz-Dame aus dem Kartenbild auf den Herz-König.

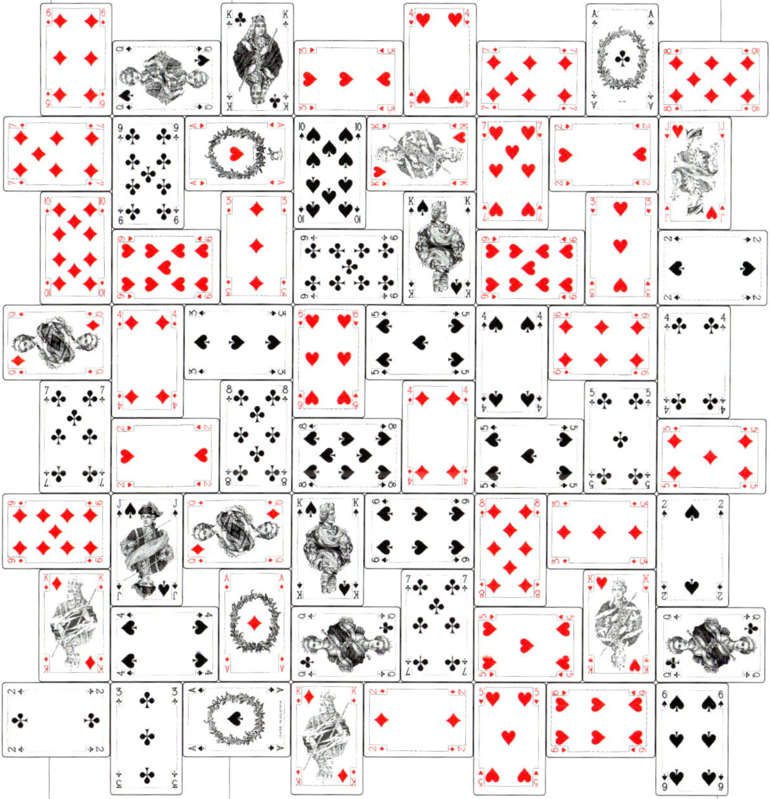

Der Talon darf eigentlich nur einmal abgezogen werden, da die Patience aber dem weniger geübten

Spieler ziemlich große Schwierigkeiten bietet, ist ein zweimaliges Abziehen gestattet. Größte Aufmerksamkeit und vorausdenkende Konzentration ist jedenfalls notwendig, will man die Patience erfolgreich beenden. Sie ist aufgegangen, wenn es gelungen ist, alle Karten restlos in die Familien einzuordnen.

Die Schlange

Diese sehr reizvolle Patiencen, die sehr viel Kombinationsgabe erfordert, wird mit zwei Paketen Whistkarten gespielt. Vom gut gemischten Kartenpaket legt man zunächst eine Reihe von Karten senkrecht schuppenartig angeordnet auf, und zwar so lange, bis ein König erscheint. Dieser König wird als erste Karte der zweiten Reihe gelegt, dann wird diese Reihe wieder so lange fortgesetzt, bis der nächste König aufscheint usw. Die erste Reihe beginnt also mit irgendeiner Karte, die übrigen acht Reihen beginnen alle mit einem der acht Könige (siehe Abbildung). Folgen zufällig im Paket zwei Könige hintereinander, dann liegt eben nur der eine der beiden Könige als einzige Karte in dieser Reihe. Auf diese Weise werden alle 104 Karten der beiden Whistspiele ausgelegt.*

Erscheinen während des Auslegens des Kartenbildes die Asse, so werden sie oberhalb des Kartenbildes ausgelegt. Sie bilden die Grundkarten, auf denen die acht Familien steigend mit Farbzwang aufgebaut werden sollen.

---

* Die Abbildung ist nur eine schematische Darstellung, d. h. sie gibt nur einen Teil des Kartenbildes wieder.

Die untersten Karten jeder senkrechten Reihe sind frei. Auf diese dürfen, fallend, mit Farbwechsel (rot-schwarz-rot-schwarz), freie Karten umgelegt werden, um Karten zum Aufbau der Familien zu gewinnen. Außerdem stehen sieben Hilfskarten (auf keinen Fall mehr!) zur Verfügung, d. h. Karten, die in den senkrechten Reihen im Wege sind, dürfen abseits des

Kartenbildes herausgelegt werden. Diese Hilfskarten können selbstverständlich wieder auf die freien Karten der senkrechten Reihen zurückgelegt werden, wenn sie passen. Man muß diese sieben Hilfsplätze reichlich ausnützen, um vergrabene Karten zu befreien und die Familien oder Kartenfolgen weiterbauen zu können. Ganze Folgen dürfen nicht mit einem Griff umgelegt werden, sondern man muß die Hilfsplätze zur Auflösung von Folgen benützen. Man muß vor allem versuchen, von den Königen abwärts geordnete Folgen zu bilden (schwarzer König, rote Dame, schwarzer Bube, roter Zehner usw.), denn diese geschlossenen Folgen lassen sich im Endspiel schnell auf die Familien anlegen. Wenn die erste senkrechte Reihe aufgelöst ist, d. h. wenn alle ihre Karten durch Umlegen aufgebraucht sind, so entsteht an ihrer Stelle kein Freiplatz!

Diese Patience muß mit großer Überlegung und Vorsicht gespielt werden, besonders die Ausnutzung der Hilfsplätze (Hilfskarten) muß sehr gut durchdacht sein. Dafür wird die „Schlange" aber auch jedem geschickten Kombinationsspieler viel Vergnügen bereiten.

Tantalus

Diese anspruchsvolle Kombinationspatience wird mit zwei Paketen Whistkarten gespielt. Aus den beiden Kartenpaketen werden vier verschiedene Asse und vier verschiedene Könige entnommen und in einer waagrechten Reihe so ausgelegt, daß zwischen den Assen und den Königen ein Zwischenraum von zwei Kartenbreiten bleibt (siehe Abbildung). Nun werden von den gut gemischten Paketen die ersten zwölf Blätter offen unter der As-König-Reihe ausgelegt, und zwar so, daß die erste Karte links von den Assen, die zweite, dritte, vierte und fünfte genau unter die Asse, die sechste und siebente unter den freien Zwischenraum, die achte, neunte, zehnte und elfte genau unter die vier Könige und die zwölfte außerhalb der Könige zu liegen kommen (siehe Abbildung auf Seite 66).

Auf den Assen sollen die Familien steigend, auf den Königen fallend, mit Farbzwang, gebildet werden. Nun prüft man, ob sich in der Zwölfer-Reihe Karten befinden, die angelegt werden können. Dabei ist folgendes zu beachten: Die unter den Assen und unter den Königen liegenden acht Karten dürfen nur dann angelegt werden, wenn sie der Farbe nach unter dem betreffenden As oder König liegen. Es darf also ein Karo-Zweier gelegt werden, wenn er unterhalb des Karo-Asses liegt. Eine Pik-Dame darf nicht auf den Pik-König angelegt werden, wenn sie unter dem Herz-König liegt. Durch diese Regel erleidet der Spieler oft „Tantalusqualen“ – daher der Name der Patience.

Frei von dieser Vorschrift sind jedoch die vier Karten, die nicht unter den Assen bzw. Königen liegen, also das erste, sechste, siebente und zwölfte Blatt. Nach diesen Regeln werden zunächst die passenden Karten auf die Asse bzw. auf die Könige angelegt. Es ist auch gestattet, die Karten untereinander, mit Farbzwang, steigend oder fallend, umzulegen. Ist die erste Reihe auf diese Weise erledigt, dann wird darüber, schuppenartig, eine zweite Reihe von zwölf Karten gelegt (auch in die Lücken, die möglicherweise entstanden

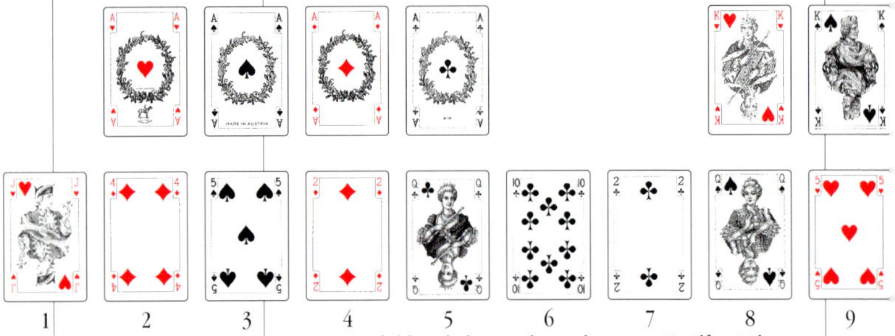

Kartenbild nach dem Auslegen der ersten Zwölfer-Reihe

sind). Beim Umlegen wird man nach Möglichkeit Freiplätze in jenen senkrechten Reihen schaffen, die nicht unter den Assen und Königen liegen, weil man von dort sofort auf die Grundpakete anlegen darf.

Beispiel: Die Herz-As-Familie ist bis zum Achter gediehen. In der unter dem Treff-As befindlichen Reihe liegen der Herz-Neuner und Herz-Zehner. Da die beiden Karten unter Treff liegen, dürfen sie nicht auf die Herz-Familie angelegt werden. Gibt es aber einen Freiplatz in der sechsten Reihe, dann überträgt man den Herz-Neuner und Herz-Zehner auf den Freiplatz und legt von dort aus auf den Herz-Achter an. Es dürfen nicht nur einzelne Karten, sondern auch ganze Folgen mit einem Griff übertragen werden. Die passenden Karten dürfen immer erst an- bzw. umgelegt werden, wenn eine Zwölferreihe ausgelegt ist, d. h. wenn alle zwölf Karten bereits liegen. Frei sind immer die untersten, unbedeckten Karten der senkrechten Reihen.

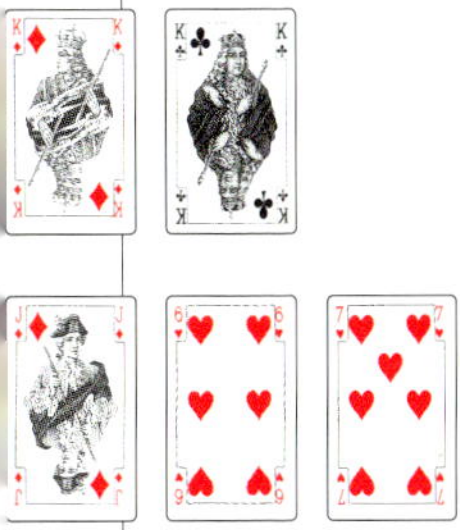

10 11 12

So wird nacheinander der ganze Talon in Zwölferreihen ausgelegt und nach jedem Auslegen einer ganzen Reihe die Möglichkeit des An- bzw. Umlegens geprüft. Ist nach Auslegen aller Karten keine Bewegung mehr möglich, dann werden die senkrechten Reihen, von der ersten beginnend, vorsichtig zusammengenommen, ohne ihre Ordnung zu stören, und der Talon darf noch ein zweitesmal ausgelegt werden, wieder genau nach den angegebenen Regeln. Bei guter Kombinationsgabe und geschicktem Spiel gelingt die Patience oft schon beim ersten Durchgang. Sie ist geglückt, wenn alle acht Familien geordnet erscheinen.

Der Scheidungsgrund

Diese hochinteressante, aber auch sehr schwierige Patience verdankt ihren Namen dem Umstand, daß eine glückliche Ehe zweier friedliebender Leutchen um ein Haar durch sie Schiffbruch erlitten hätte, weil nämlich die junge Ehefrau stundenlang, bei Tag und Nacht, über dieser Patience saß und darüber ihren Gatten und den Haushalt so vernachlässigte, daß der arme Mann drauf und dran war, die Scheidungsklage einzureichen. Die Gefahr wurde schließlich dadurch abgewendet, daß die junge Frau zu ihrem Geburtstag ein Patiencebuch bekam, das angenehme Abwechslung und weniger heimtückische Patiencen ins Haus brachte.

Diese Patience wird mit zwei Paketen Whistkarten gelegt. Nach tüchtigem Durchmischen werden zehn Päckchen zu je fünf Karten nebeneinander offen aufgelegt. Ziel der Patience ist das Aufbauen der acht

Kartenfamilien auf die acht Könige in absteigender Folge. Sobald eine Kartenfamilie komplett ist (König bis As), wird sie aus dem Spiel genommen.

Sind die zehn Päckchen zu je fünf Karten aufgelegt, dann versucht man zunächst Karten gleicher Farbe in absteigender Folge schuppenartig aufeinanderzulegen. Also z. B. Treff-Neuner auf Treff-Zehner (siehe Abbildung, sechste Reihe). Sind keine Karten der gleichen Farbe mehr vorhanden, so legt man, immer in absteigender Folge, Karten ohne Farbzwang aufeinander, z. B. den Karo-Sechser auf den Pik-Siebener (siehe Abbildung, vierte Reihe).

Umlegen darf man immer nur die unterste Karte einer Reihe bzw. Kartenfolgen der gleichen Farbe. Dabei sollen ein oder mehrere Fünferpäckchen allmählich aufgelöst werden, um freie Felder zu schaffen, weil

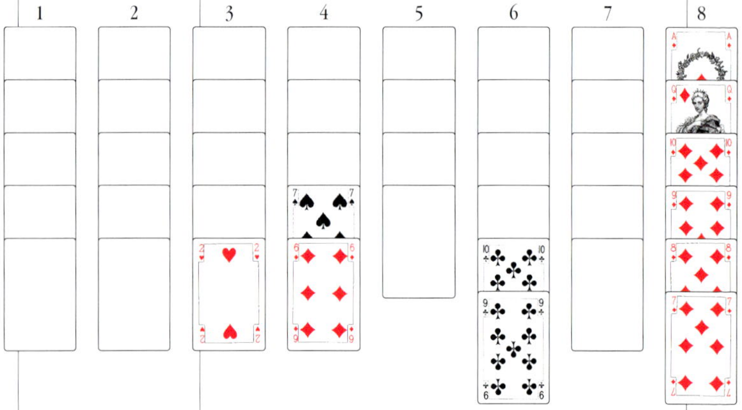

man auf diese solche Karten legen darf, die im Wege sind. Man muß sich aber hüten, freie Felder unüberlegt zu verbauen, und muß bestrebt sein, die vorübergehend auf freie Felder gelegten Karten oder Kartenfolgen wieder auf die Schlußkarte einer Reihe anlegen zu können. Kartengruppen der gleichen Farbe, die sich durch das Auf- und Umlegen ergeben haben, dürfen als Ganzes verlegt werden. Es darf also z. B. eine Folge von Karo 10, 9, 8, 7 auf einen Buben beliebiger Farbe umgelegt werden oder – wie aus der Abbildung ersichtlich – auf den Karo-Buben, danach auf die Karo-Dame, dann die ganze Karo-Folge (Dame bis Siebener) auf den Pik-König und schließlich Karo-As auf den Herz-Zweier in der dritten Reihe, womit in der achten Reihe ein freies Feld gewonnen ist.

9 10

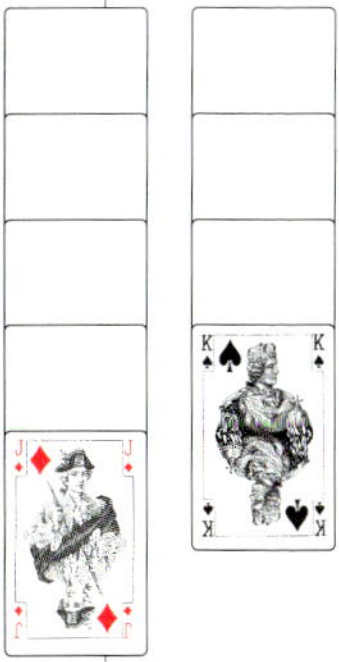

Sind alle Möglichkeiten nach dem ersten Auf- und Umlegen erschöpft, dann wird auf die Schlußkarte der vorhandenen Reihen (nicht aber auf die frei gewordenen Felder) vom Talon je eine neue Karte gelegt für einen zweiten Durchgang. Das wird so lange fortgesetzt, bis alle Karten des Talons aufgebraucht sind. Auf diese Weise muß man bemüht sein, allmählich eine ganze Kartenfamilie in absteigender Reihenfolge zu ordnen. Die Patience ist aufgegangen, wenn es gelungen ist, alle acht Kartenfamilien geordnet aus dem Spiel zu nehmen.

Die Surprise

Der Name dieser Patience deutet darauf hin, daß sie faktisch durch eine einzige Karte aufgehalten werden kann. Sie ist zwar keine reine Kombinations-Patience, weil der Kartenfall hier eine große Rolle spielt.

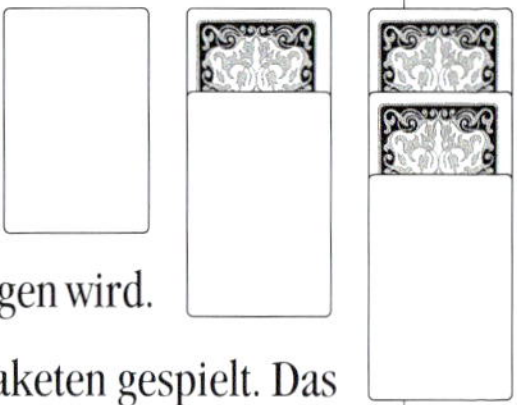

Dennoch wird ein guter Spieler durch geschicktes Agieren eine solche Patience zum glücklichen Ende führen, was bei gleicher Kartenlage einem schwächeren Spieler nicht gelingen wird.

Die „Surprise“ wird mit zwei Paketen gespielt. Das Tableau wird folgendermaßen ausgelegt: erste Reihe elf Karten, zweite Reihe neun Karten, dritte Reihe sieben Karten, vierte Reihe fünf Karten, fünfte Reihe drei Karten und sechste Reihe eine Karte; in jeder Reihe die erste und letzte Karte offen, die übrigen verdeckt, wie es die Abbildung zeigt.

Ziel der Patience ist, auf die acht Asse die Kartenfamilien in aufsteigender Ordnung aufzubauen. Das geschieht durch Umlegen der offenen Karten mit Farbwechsel in absteigender Ordnung. Sobald eine offene Karte umgelegt wurde, wird die Karte, die verdeckt darunter gelegen ist, umgedreht. Erscheint ein As, wird dieses oberhalb des Tableaus hingelegt, es bildet den Grundstock für die aufzubauenden Kartenfamilien. Auch die Zweier werden sofort hinaufgelegt, sofern das As der gleichen Farbe bereits vorhanden ist. Wenn sich beim ersten Auflegen des Tableaus Könige unter den offenen Karten befinden, so muß man versuchen, eine senkrechte Reihe freizubekommen, damit man den König auf den freien Platz legen kann. Dieses Umlegen wird so lange fortgesetzt, bis kein Zug mehr möglich ist.

Dann wird vom Kartenblock wieder je eine Karte auf die untersten offenen Karten gelegt, mit Ausnahme der

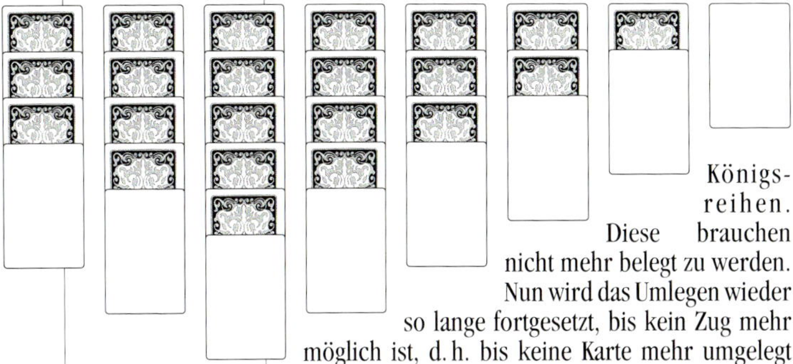

Königsreihen. Diese brauchen nicht mehr belegt zu werden. Nun wird das Umlegen wieder so lange fortgesetzt, bis kein Zug mehr möglich ist, d. h. bis keine Karte mehr umgelegt bzw. auf die As-Familien aufgebaut werden kann. Selbstverständlich wird man trachten, auch auf die senkrechten Königsreihen die entsprechenden Karten umzulegen.

Geschlossene Reihen geordneter Karten dürfen mit einem Griff umgelegt werden. Hat man z. B. eine geschlossene Reihe (Pik-Bube, Herz-Zehn, Treff-Neun) und liegt als unterste Karte in irgendeiner Reihe eine Karo-Dame, so kann man die genannten drei Karten mit einem Griff auf diese umlegen. Auch beim Hinauflegen der Karten auf die Kartenfamilien muß man vorsichtig sein. Erscheint etwa ein Pik-Achter und ist eine der Pik-Familien bis zum Pik-Siebener gediehen, könnte man den Achter hinauflegen. Nun versperrt aber ein roter Siebener den Weg zu einer wichtigen Karte oder Kartenfolge. Man wird also darauf verzichten, den Pik-Achter hinaufzulegen und lieber den roten Siebener auf diese Karte umlegen, weil dadurch wichtige Karten frei werden und dadurch z. B. die Möglichkeit gegeben ist, eine „eingefrorene" Königsfolge auf einen Freiplatz legen zu können.

Gelöst ist die Patience, wenn alle Königsfamilien aufgebaut bzw. alle Königsreihen geordnet sind. Die Finessen dieser Patience werden jedem Spieler durch mehrfache Übung bald klar. Manchmal kann auch der raffinierteste Spieler an einer einzigen Karte scheitern, im allgemeinen aber wird der gute Spieler diese Patience zu lösen verstehen.

Die „große" Patience

Diese Kombinations-Patience – vielleicht die schönste, die es überhaupt gibt – wird mit zwei Paketen gespielt. Nach gutem Mischen legt man elf Karten in einer horizontalen Reihe offen auf, auf diese oberste Reihe wieder elf Karten offen, schuppenartig darüber, bis man neun Reihen zu je elf Karten offen ausgelegt hat, insgesamt also 99 Karten. Die restlichen fünf Karten werden gleichfalls offen unter dieses Kartenbild gelegt, es sind die sogenannten Hilfskarten (Hilfsplätze).

Der Spieler hat die Aufgabe, auf die acht Asse, die im Laufe des Spieles oberhalb des Tableaus ausgelegt werden, die Kartenfamilien in aufsteigender Ordnung bis zum König aufzubauen. Das geschieht durch Umlegen der untersten Karten der senkrechten Reihen in absteigender Folge mit Farbwechsel (rot-schwarz-rot-schwarz). Bewegt dürfen eine oder mehrere Karten am Schluß einer senkrechten Reihe nur dann werden, wenn ein oder mehrere Hilfsplätze frei sind, und zwar immer nur so viele Karten, wie Hilfsplätze frei sind.

Sind die Karten in der angegebenen Weise ausgelegt, dann stellt man zunächst fest, ob durch Anlegen der Hilfskarten an Karten der untersten Reihe Hilfsplätze freigemacht werden können. Befinden sich unter den Hilfskarten Asse, dann legt man sie sofort hinauf. Können z. B. zwei Asse hinaufgelegt werden, dann sind zwei Hilfsplätze frei. Befindet sich z. B. unter den fünf Hilfskarten ein roter Vierer und in der untersten Reihe ein schwarzer Fünfer, dann kann man den Vierer anlegen, um einen Hilfsplatz zu erhalten. Es kommt oft vor, daß nicht eine einzige Hilfskarte angelegt werden kann, dann muß man die Karten zusammenwerfen, mischen und neu legen.

Beispiel: Unter den fünf Hilfskarten befinden sich ein Herz-As, eine Pik-Dame und ein Herz-Zweier. Das Herz-As wird sofort als Grundkarte zum Aufbau der Familie hinaufgelegt, die Pik-Dame kommt auf den in der untersten Reihe liegenden Karo-König und der Herz-Zweier auf einen in der untersten Reihe liegenden Treff-Dreier. Man hat also drei Hilfsplätze gewonnen. Nun muß man prüfen, ob durch Umlegen der Karten des Tableaus in der zweiten (horizontalen) Reihe vielleicht Karten freigemacht werden können, auf die eine oder mehrere Hilfskarten passen.

Noch ein Beispiel: Unter den Hilfskarten befinden sich ein Karo-Vierer und ein Pik-Dreier. In der zweiten Reihe liegt ein Treff-Fünfer, der von einem Karo-Buben bedeckt ist. Man legt den Karo-Buben auf die am Schluß einer senkrechten Reihe liegende Pik-Dame und bekommt dadurch den Treff-Fünfer frei, auf den man nun den Karo-Vierer legen kann und auf diesen wieder den Pik-Dreier. Dadurch sind zwei Hilfsplätze frei geworden.

Um ganz korrekt zu spielen, sollten die Karten, die man umzulegen wünscht, immer zuerst auf die Hilfsplätze gelegt werden und dann erst auf die entsprechenden Karten des Tableaus, damit man die Kontrolle hat, daß man nur so viele Karten umlegt, wie tatsächlich Hilfsplätze frei waren. Auch mehrere bereits geordnet aufeinanderliegende Karten der senkrechten Reihe dürfen mit einem Zug umgelegt werden, wenn die entsprechende Anzahl von Hilfsplätzen frei ist.

Beispiel: Eine senkrechte Reihe schließt mit einem Pik-König. In einer anderen Reihe liegt eine Folge von Karo-Dame, Treff-Bube und Herz-Zehner. Da drei Hilfsplätze frei sind, kann man diese drei Karten auf den Pik-König umlegen. Würde auf dem Herz-Zehner noch ein Pik-Neuner liegen, so wäre das nicht möglich, weil es eine Folge von vier Karten wäre und nur drei Hilfsplätze vorhanden sind.

Sobald es gelungen ist, eine senkrechte Reihe ganz frei zu bekommen, darf ein König hinaufgelegt werden und auf diesen, in abfallender Ordnung, mit Farbwechsel, Dame-Bube-Zehner usw. Die Kunst des Spielers besteht darin, senkrechte Reihen zu schaffen und in diesen Königsfolgen aufzubauen. Das Umlegen der Karten im Tableau unter Zuhilfenahme der Hilfsplätze erfordert große Überlegung und Kombinationsgabe, wenn die Patience gelingen soll. Das Hauptaugenmerk muß darauf gerichtet sein, möglichst viele freie Hilfsplätze zu gewinnen und nach unten nicht allzu lange Folgen zu bauen, die mangels freier Hilfsplätze nicht mehr an die Königsfolgen umgelegt werden können. Sind alle Karten teils auf den acht Assen, teils auf den acht Königen richtig geordnet, dann ist die Patience gelungen.

Kombinations-Patiencen für zwei Personen

Die Schikanös

Von den Patiencen, die zu zweit gespielt werden, ist diese ohne Zweifel die reizvollste und unterhaltendste. Sie erfordert große Aufmerksamkeit und selbstverständlich genaues Einhalten der Spielregeln. Die beiden Spieler nehmen an einem kleinen Tischchen einander gegenüber Platz. Jeder erhält ein Paket Whistkarten, das gut gemischt und dann vom Gegner abgehoben wird. Wer die höhere Karte abhebt, beginnt das Spiel.

Nehmen wir an, Spieler A hätte zu beginnen. Er legt von seinem Paket vier Karten in einer senkrechten Reihe verdeckt aus und über diese verdeckten Karten weitere vier offene Karten schuppenartig darüber (siehe Abbildung). Dann zählt er von seinem Paket dreizehn Karten ab, die er verdeckt zu seiner Rechten hinlegt, nur die oberste Karte wird umgewendet, sie liegt also offen. Das ist sein Schikanös-Päckchen. Spieler B legt seine Karten später in gleicher Weise auf, doch muß zwischen den beiden senkrechten Reihen Platz bleiben für die acht Asse, die im Verlauf des Spieles erscheinen. Auf die Asse werden die acht Familien in aufsteigender Ordnung und mit Farbzwang aufgebaut.

Wenn Spieler A seine acht Karten ausgelegt und sein Schikanös-Päckchen abgezählt und hingelegt hat, dann muß er nachsehen, ob unter den vier offenen Karten Asse oder Folgekarten sind, die auf die Asse passen, und diese auf die für sie bestimmten Plätze legen. Wird eine der offenen Karten angelegt, darf die darunterliegende verdeckte Karte umgewendet werden. Paßt sie auf die Asse, dann wird auch sie angelegt. Auf die offenen Karten der vier waagrechten Reihen dürfen Folgekarten in fallender Ordnung und in gleicher Farbe angereiht werden. Auch auf diese Möglichkeit hat Spieler A zu achten und passende Karten umzulegen. Werden durch das An- bzw. Umlegen in den waagrechten Reihen Plätze frei, dann dürfen sie mit offenen Karten aus dem Kartenbild belegt werden, was den Vorteil hat, daß dadurch wieder verdeckte Karten umgewendet werden können.

Sind im Kartenbild keine Bewegungen mehr möglich, dann kontrolliert Spieler A, ob die oberste (offene) Karte seines Schikanös-Päckchens zum An- bzw. Umlegen auf die offenen Karten oder Hilfsplätze der waagrechten Reihen geeignet ist. Kann das geschehen, dann wird die nächstfolgende umgewendet und wieder an- bzw. umgelegt, falls sie in Wert und Farbe paßt. Wenn sie nicht paßt, bleibt sie auf dem Schikanös-Päckchen liegen.

Als dritte Phase zieht Spieler A von dem Päckchen in der Hand (Talon) die oberste Karte ab und prüft, ob sie zum Anlegen auf die Asse (Familien) oder zum Umlegen auf die offenen Karten der waagrechten Reihen geeignet ist. Nach jeder Veränderung im Kartenbild muß man selbstverständlich genau nachsehen, ob sich dadurch nicht neue Möglichkeiten ergeben haben, die Familien weiterzubauen oder Folgekarten an die waagrechten Reihen umzulegen. Paßt die vom Talon abgezogene Karte nicht, dann legt Spieler A sie offen neben sein Schikanös-Päckchen. Aus diesen abgelegten Karten entsteht im Lauf des Spieles der Block, dessen oberste Karte auch beständig im Auge zu behalten ist, um sie anlegen zu können.

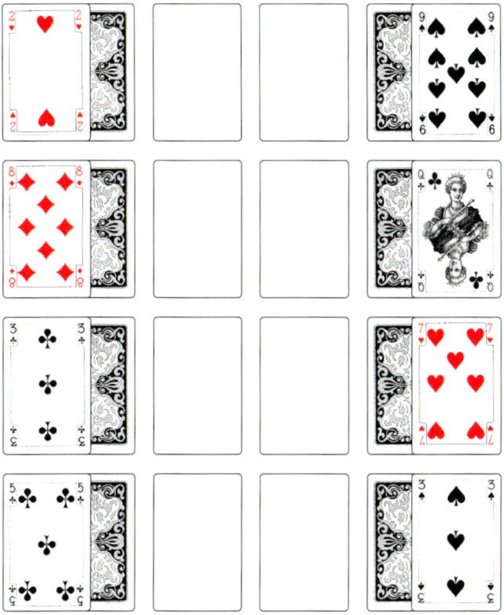

Nun kommt Spieler B an die Reihe. Auch er legt eine senkrechte Reihe von vier verdeckten und darüber eine von vier offenen Karten, zählt 13 Karten für sein Schikanös-Päckchen ab und verfährt im übrigen genauso wie Spieler A. Er hat ein größeres Betätigungsfeld, weil bereits das ganze Kartenbild ausgelegt ist. Spieler A kommt dann wieder an die Reihe, wenn Spieler B eine Karte von seinem Talon abzieht, die er nirgends placieren kann und daher auf seinen Block legen muß.

Den Spielern – zunächst Spieler B, im weiteren Verlauf des Spieles auch Spieler A – steht ein wichtiges Recht zu, nämlich den Gegner zu „schikanieren". Der

Spieler darf offene Karten aus dem Kartenbild oder solche von seinem eigenen Schikanös-Päckchen, von seinem Talon oder Block auf das Schikanös-Päckchen oder den Block des Gegners legen, wenn sie in der Farbe und in aufsteigender oder abfallender Ordnung passen. Ist die Karte zum Anlegen auf die Familien geeignet, dann muß sie selbstverständlich zum Aufbau der Familien verwendet werden. Aber sie dürfen nur einzeln angelegt werden, es ist nicht gestattet, ganze Folgen mit einem Griff zu übertragen. Es ist daher sehr wichtig, sich Freiplätze in den waagrechten Reihen zu schaffen, weil dadurch die Möglichkeit besteht, solche Folgen zu zerlegen, um sie an- oder umlegen zu können. Freiplätze in den waagrechten Reihen darf der Spieler, der eben am Zug ist, mit anderen, offenen Karten des Kartenbildes oder mit Karten von seinem Schikanös-Päckchen bzw. von seinem Talon belegen.

Als wichtige Grundregel gilt: Zuerst muß immer das Kartenbild bedient werden, dann das Schikanös-Päckchen und dann erst der Block. Der Block wird so oft aufgenommen und neuerlich abgezogen, bis einer der Spieler alle seine Karten verbraucht hat. Da in dieser Patience derjenige Spieler als Sieger hervorgeht, wird durch das Anlegen des Gegners das Spiel des anderen Spielers oft sehr erschwert und gehemmt. Es ist bei dieser Patience ganz gleichgültig, ob der Aufbau der Familien vollendet werden konnte oder nicht.

Vielfach wird bei dieser Patience folgende Regel angewendet: Bemerkt ein Spieler, daß sein Gegner, der eben am Zug ist, einen Fehler begangen hat – sei es, daß er eine Karte übersehen hat, die er hätte an- oder umlegen können, oder daß er gegen die Grundregel verstoßen hat –, dann steht ihm das Recht zu, Einspruch zu erheben. Auf diesen „Stopp-Ruf" hin – der natürlich berechtigt sein muß! – hat der Gegner seinen Zug abzubrechen, auch wenn er noch Bewegungsmöglichkeiten gehabt hätte, und der andere Spieler kommt zum Zug.

Kombinations-Patiencen für zwei oder mehrere Personen

Die Poker-Patience

Diese Patience, an der sich zwei und mehr Spieler beteiligen können, beruht auf den Figuren-Kombinationen des Pokerspieles. Es ist also zunächst notwendig, diese Figuren-Kombinationen und ihre jeweilige Bewertung zu kennen. Der Pokerspieler hat fünf Karten in der Hand, in denen folgende Kombinationen aufscheinen können:

1 Paar (2 Karten des gleichen Wertes, also 2 Buben, 2 Achter etc.): 2 Punkte

2 Paare (z. B. 2 Siebener und 2 Könige): 3 Punkte

Drilling (3 Asse oder 3 Damen etc.): 5 Punkte

Flush (5 Karten der gleichen Farbe ohne Rücksicht auf ihren Wert, also 5 Karo, 5 Herz etc.): 7 Punkte

Straight (eine Folge von 5 Karten ohne Rücksicht auf ihre Farbe, also z. B. Siebener, Achter, Neuner, Zehner, Bube – gleichgültig welcher Farbe – oder Herz-Zehner, Karo-Bube, Herz-Dame, Pik-König, Karo-As): 10 Punkte

Fullhand (1 Drilling und 1 Paar, z. B. 3 Könige und 2 Achter): 12 Punkte

Vierling (4 Asse, 4 Neuner etc.): 16 Punkte

Royal Flush (eine Folge in der gleichen Farbe, also z. B. Karo-Neun, Karo-Zehn, Karo-Bube, Karo-Dame, Karo-König): 20 Punkte

Royal Flush (liegen diese 5 Karten überdies in einer senkrechten oder waagrechten Reihe der Patience der Reihe nach geordnet): 100 Punkte

Wenn sich an dem Spiel zwei Personen beteiligen, Spieler A und Spieler B, wird durch Ziehen einer Karte ermittelt, wer die Vorhand hat. Jeder Spieler erhält ein Patiencespiel mit 32 Karten, das sind also die Karten vom Siebener bis zum As. Beginnt Spieler A, mischt er sein Spiel und läßt vom Spieler B abheben. Spieler B dagegen hat sein Spiel nach Farben geordnet vor sich hinzulegen. Spieler A zieht nun der Reihe nach die fünf obersten Karten von seinem Paket ab und legt diese in Form eines Kreuzes vor sich auf den Tisch, wie die Abbildung zeigt. An welche Stelle er die einzelnen Karten legt, bleibt seinem Gutdünken überlassen.

Spieler B hat nun genau die gleichen Karten aus seinem Paket in der gleichen Anordnung aufzulegen. Nun beginnt das eigentliche Kombinationsspiel, das sich folgendermaßen entwickelt:

Spieler A zieht nacheinander 20 Karten von seinem Paket ab, nennt die Karte und legt die Karten so an die bereits ausgelegten fünf Karten an, daß in jeder senkrechten und waagrechten Reihe möglichst viele und möglichst hohe Pokerfiguren entstehen. Das gleiche mit den gleichen Karten macht auch Spieler B. Die Karten müssen so angelegt werden, daß in jeder senkrechten und waagrechten Reihe fünf Karten liegen. Die fertige Kartenfigur, die jeder Spieler vor sich auf dem Tisch hat, zeigt die Abbildung Seite 86.

Beiden Spielern bleibt es vollkommen überlassen, an welche Stelle sie die einzelnen Karten legen, es muß nur die Endfigur erhalten bleiben, es müssen also in jeder waagrechten und senkrechten Reihe fünf Karten liegen. Das Anlegen der 20 Karten erfordert höchste Kombinationsgabe, und es ist selbstverständlich, daß dem Spieler die Pokerfiguren geläufig sein müssen.

Wenn alle 25 Karten aufgelegt sind, dann nimmt Spieler A die nächsten fünf Karten von seinem Paket und Spieler B die gleichen fünf Karten. Es bleiben zwei Karten übrig, die weggelegt werden. Diese funf Karten dürfen nur gegen fünf Karten des ausgelegten Tableaus ausgetauscht werden, wodurch man die Möglichkeit hat, sein Blatt oft sehr wesentlich zu verbessern. Bei diesem Austausch muß ganz korrekt vorgegangen werden. Man nimmt eine Karte aus dem Tableau, wirft sie weg und legt an ihre Stelle eine der

Ersatzkarten. Es ist streng verboten, während des Spieles oder bei diesem Kartenaustausch bereits gelegte Karten des Tableaus an andere Plätze zu verschieben.

Spieler A (als Vorhand) hat das Recht, auf die fünf Austauschkarten zu verzichten, dann darf natürlich auch Spieler B nicht austauschen. Beiden Spielern bleibt es überlassen, wie viele dieser fünf Karten sie auszutauschen wünschen. Es kann also z. B. ein Spieler nur drei der fünf Ersatzkarten austauschen und die restlichen zwei wegwerfen, denn es wäre ja durchaus denkbar, daß er sein Blatt durch weiteren Austausch verschlechtert, statt es zu verbessern.

Ist der Austausch vollzogen, dann rechnen beide Spieler ab. Auf einem Zählblock wird der Wert der Pokerfiguren notiert, die in jeder waagrechten und senkrechten Reihe aufscheinen. Sieger ist derjenige Spieler, der die höhere Punktezahl erreicht hat.

Patiencen-Probleme für Meisterspieler

Die Kunst des Patiencenlegens hat in Jahrhunderten nichts von ihrer Beliebtheit eingebüßt. Und das mit Recht. Das Patiencenspiel bietet nicht nur Entspannung für den ermüdeten oder nervösen Menschen – dadurch, daß er sein Denken ganz auf das Spiel konzentrieren muß –, sondern es steigert auch, ebenso wie das Schachspiel, Denkkraft und Kombinationsgabe. Der Vergleich mit Schach ist durchaus angebracht, denn eine interessante Kombinations-Patience ist gleichsam eine Schachpartie mit sich selbst. Für das Schach- oder das Bridge-Spiel gibt es seit jeher sogenannte Schach- bzw. Bridge-Probleme. Ein Schachproblem stellt die Aufgabe, aus einer bestimmten Figurenstellung zum Matt zu gelangen, ein Bridgeproblem verlangt, bei einer bestimmten Kartenverteilung ein Groß-Slam zu erzielen.

In diesem Sinne wurden auch die folgenden Patiencen-Probleme ausgearbeitet, deren Lösung schwierig ist, die aber gerade deshalb dem geübten und meisterhaften Spieler besonderen Anreiz bieten werden. Alle nachstehend aufgeführten Problemfälle sind streng nach den Regeln durchgespielt worden und also lösbar. Es war natürlich nicht möglich, zu den Problemen auch die Auflösungen zu geben, da bei so komplizierten Patiencen wie z. B. „Scheidungsgrund" die Aufzeichnung jedes einzelnen Zuges zuviel Raum erfordert hätte, abgesehen davon, daß es bei mehreren Problemen auch mehrere verschiedene Lösungen gibt. Der Zweck der hier aufgeführten Problemsituationen ist vielmehr, den Spieler vor schwierige Aufgaben zu stellen, die unter Voraussetzung der jeweils angeführten Kartenlage garantiert lösbar sind.

DIE KLEINE NAPOLEON-PATIENCE (Seite 51)

1. Problem:

♣5	♣B	♠4	♦K	♣4	♦7	♣10	♥9	♠6	♠A	♦D
♣K	♣9	♠3	♦2	♦10	♥7	♥8	♠D	♣D	♣2	♥2
♥A	♦6	♥6	♣A	♦B	♠7	♣3	♠B	♦4	♥4	♦8
♠2	♥3	♦5	♥5	♦9	♣7	♠5	♠9	♥D	♣6	♠8
	♠10	♥K	♦3	♥B		♠K	♣8	♦A	♥10	

2. Problem:

♥4	♣6	♠B	♦D	♥9	♠K	♠D	♣8	♣5	♥2	♦5
♣9	♥A	♣7	♣4	♠A	♣K	♠8	♦8	♠3	♥B	♥6
♥3	♥10	♥5	♣2	♣A	♦K	♣3	♣10	♣B	♥D	♥8
♦10	♠6	♦A	♠5	♦B	♥K	♦2	♣D	♦3	♦7	♠9
	♠7	♠10	♠2	♦4		♦9	♠4	♦6	♥7	

3. Problem:

♠A	♠4	♣A	♦7	♦5	♣8	♥K	♣9	♦3	♦10	♣6
♣7	♠D	♥B	♣K	♣3	♦8	♣2	♠7	♦4	♦A	♥A
♥4	♥7	♠6	♥2	♠10	♥8	♣10	♠2	♦6	♠5	♥10
♦K	♠3	♣5	♣4	♥5	♠8	♣D	♦9	♥6	♦2	♥D
	♠B	♥9	♣B	♥3		♦D	♦B	♠K	♠9	

4. Problem:

♥9	♣9	♦6	♣6	♣7	♣D	♦3	♥5	♥7	♥4	♠10
♦5	♦K	♥8	♦4	♦9	♦D	♦8	♥6	♠4	♣3	♠A
♦10	♥2	♥A	♣K	♣A	♠D	♠K	♥K	♥B	♠6	♠9
♦A	♠2	♠B	♥10	♠3	♥D	♣2	♠7	♣8	♥3	♦2
	♠5	♣4	♣5	♣B		♦B	♣10	♠8	♦7	

5. Problem:

♦B	♦5	♥9	♦K	♦A	♣6	♥7	♥B	♣8	♣4	♦8
♠A	♦7	♠B	♠4	♠8	♥6	♣B	♠7	♣5	♥A	♥K
♦D	♣10	♣A	♥4	♠5	♠6	♦2	♦3	♦4	♠9	♥2
♥D	♣D	♥3	♠10	♣9	♦6	♦10	♦9	♥10	♣2	♠K
	♥5	♣7	♠3	♥8		♣K	♣3	♠D	♠2	

6. Problem:

♦6	♣5	♠B	♣A	♥2	♣D	♥4	♠K	♣6	♠10	♦9
♥7	♥10	♠5	♣10	♥5	♠D	♦8	♥8	♣9	♠2	♦4
♣2	♠8	♦7	♥A	♣B	♥D	♠4	♦A	♣K	♥9	♥B
♦10	♦K	♠6	♦B	♠3	♦D	♣8	♣7	♠A	♦2	♦5
	♥3	♥6	♥K	♣4		♠7	♦3	♠9	♣3	

DIE „GROSSE“ PATIENCE (Seite 72)

1. Problem:

♥2	♠K	♦5	♥7	♠6	♥K	♣3	♦7	♦5	♥8	♦D
♦10	♠D	♠4	♦8	♣B	♦K	♠9	♥B	♥3	♣7	♠2
♣A	♣4	♣5	♥4	♣K	♠D	♠7	♦2	♠2	♣8	♦9
♣D	♥8	♣6	♥B	♣2	♦2	♦7	♦B	♣2	♦3	♦D
♠8	♦8	♣7	♥10	♥4	♥10	♠7	♥5	♠5	♠3	♠3
♥A	♣8	♥K	♠6	♥3	♦9	♥D	♠B	♣B	♦A	♣9
♠4	♦6	♦A	♦6	♥7	♥6	♣D	♥9	♣A	♠8	♥9
♦4	♠9	♥6	♠10	♣6	♠B	♦K	♠A	♣10	♠5	♣3
♣5	♣K	♦3	♠10	♦4	♣9	♥2	♠K	♦B	♥D	♦10

♣10 ♣4 ♥A ♠A ♥5

2. Problem:

♥B	♠7	♦10	♥A	♠B	♦7	♦7	♦6	♦10	♠7	♣K
♥K	♦2	♠9	♠5	♣8	♥4	♠5	♣A	♥A	♥2	♥D
♠6	♣3	♦4	♥9	♥D	♦8	♠A	♣B	♦A	♣3	♣9
♠K	♥K	♠3	♠4	♥5	♣10	♠4	♥4	♣K	♣6	♥5
♣A	♣2	♥6	♠A	♦2	♥7	♦4	♦8	♥8	♠K	♣D
♠10	♥2	♦K	♥9	♠8	♦6	♠2	♦K	♣7	♣B	♠D
♦D	♠10	♣7	♥3	♣D	♦B	♣10	♦9	♥3	♣8	♣4
♦5	♠9	♥10	♠8	♣6	♣2	♦D	♥10	♦A	♠6	♥7
♥B	♥8	♥6	♦B	♠2	♦9	♣4	♦5	♠B	♦3	♣5

♦3 ♣9 ♠D ♣5 ♠3

3. Problem:

♦8	♦A	♦4	♣K	♣3	♥9	♦B	♣10	♠6	♠9	♣2
♥2	♦9	♣8	♣4	♥D	♦10	♠6	♥K	♣6	♦5	♦7
♦B	♦3	♦2	♣8	♥5	♠3	♦D	♣10	♠K	♥6	♥10
♦K	♠A	♣3	♦6	♦10	♠7	♦2	♣D	♠5	♣6	♥D
♥3	♥8	♠B	♠D	♣7	♠5	♥7	♠7	♦K	♣D	♣B
♠8	♥B	♦7	♣9	♠10	♦A	♥5	♣K	♥K	♣A	♠K
♠10	♣9	♣B	♦3	♠A	♦4	♠2	♥A	♣2	♦D	♠2
♠3	♦9	♥B	♣4	♥8	♦6	♠D	♦8	♦5	♥6	♥3
♠8	♥7	♥4	♠4	♥2	♣7	♥9	♥10	♠B	♥A	♠9

♠4 ♥4 ♣A ♣5 ♣5

DIE SURPRISE (Seite 69)

Die zwei Kartenpakete sind so zu ordnen, daß die als erste genannte Karte (P7) zuunterst liegt. Die letzte Karte des Pakets (H8) ist demnach die erste Karte der obersten Reihe.

♠7	♣8	♠B	♥6	♥D	♥7	♠2	♠D	♣K	♠10	♣3	♦5	♣2	♠5	♥9
♥K	♦B	♥9	♥3	♠K	♦6	♥D	♦3	♣10	♥2	♦2	♠3	♠2	♠3	♦D
♠9	♦A	♠B	♠K	♦7	♥4	♠7	♣6	♦3	♥6	♣A	♣B	♦8	♦10	♠8
♦B	♣8	♦D	♦A	♣3	♠4	♦K	♣K	♠A	H4	♦9	♥10	♣6	♦9	♦2
♣D	♦4	♥B	♥B	♠10	♣B	♣9	♣7	**♥2**	**♠4**	♥8	**♠5**	**♦7**	♠D	♣5
♣7	**♣4**	**♦5**	♥3	♣4	♦6	♥A	♦K	**♦10**	**♥5**	♠8	♥K	♥A	♥7	♥10
♣A	♥5	**♣2**	**♣5**	♠6	♣D	♠9	♦4	♠6	♠A	♣9	♦8	♣10	**♥8**	

Wenn Sie die Karten richtig geordnet und das Tableau richtig aufgelegt haben, müssen jetzt die umrahmten elf Karten offen liegen.